知识分子图书馆

CULTURAL CONVERSATIONS OF THE POSTMODERN

后现代文化对话

对话 詹姆逊 大江健三郎 萨义德
斯皮瓦克 等

编选 王逢振 **译** 李宝泂 等

中国社会科学出版社

图书在版编目(CIP)数据

后现代文化对话/王逢振编选；李宝泂等译. —北京：中国社会科学出版社，2012.8
(知识分子图书馆)
ISBN 978-7-5161-1350-9

Ⅰ.①后… Ⅱ.①王…②李… Ⅲ.①名人—访问记—世界—现代 Ⅳ.①K812.5

中国版本图书馆 CIP 数据核字(2012)第 205084 号

出版人	赵剑英
策划编辑	郭沂纹
责任编辑	吴丽平
责任校对	李　莉
责任印制	李　建

出　版	中国社会科学出版社
社　址	北京鼓楼西大街甲 158 号(邮编 100720)
网　址	http://www.csspw.cn
	中文域名:中国社科网　010-64070619
发行部	010-84083685
门市部	010-84029450
经　销	新华书店及其他书店
印　刷	北京市大兴区新魏印刷厂
装　订	廊坊市广阳区广增装订厂
版　次	2012 年 8 月第 1 版
印　次	2012 年 8 月第 1 次印刷
开　本	650×960　1/16
印　张	14.75
插　页	2
字　数	188 千字
定　价	39.00 元

凡购买中国社会科学出版社图书，如有质量问题请与本社联系调换
电话:010-64009791
版权所有　侵权必究

《知识分子图书馆》编委会

顾　　问　弗雷德里克·詹姆逊
主　　编　王逢振　J. 希利斯·米勒
编　　委　（按姓氏笔画为序）
　　　　　J. 希利斯·米勒　王　宁　王逢振
　　　　　白　烨　弗雷德里克·詹姆逊　李自修
　　　　　刘象愚　汪民安　张旭东　罗　钢
　　　　　章国锋　谢少波

总　　序

　　1986—1987 年，我在厄湾加州大学（UC Irvine）从事博士后研究，先后结识了莫瑞·克里格（Murray Krieger）、J. 希利斯·米勒（J. Hillis Miller）、沃尔夫冈·伊瑟尔（Walfgang Iser）、雅克·德里达（Jacques Derrida）和海登·怀特（Hayden White）；后来应老朋友弗雷德里克·詹姆逊（Fredric Jameson）之邀赴杜克大学参加学术会议，在他的安排下又结识了斯坦利·费什（Stanley Fish）、弗兰克·伦屈夏（Frank Lentricchia）和爱德华·萨义德（Edward W. Said）等人。这期间因编选《最新西方文论选》的需要，与杰费里·哈特曼（Geoffrey Hartman）及其他一些学者也有过通信往来。通过与他们交流和阅读他们的作品，我发现这些批评家或理论家各有所长，他们的理论思想和批评建构各有特色，因此便萌发了编译一批当代批评理论家的"自选集"的想法。1988 年 5 月，J. 希利斯·米勒来华参加学术会议，我向他谈了自己的想法和计划。他说"这是一个绝好的计划"，并表示将全力给予支持。考虑到编选的难度以及与某些作者联系的问题，我请他与我合作来完成这项计划。于是我们商定了一个方案：我们先选定十位批评理论家，由我起草一份编译计划，然后由米勒与作者联系，请他们每人自选能够反映其思想发展或基本理论观点的文章约 50 万—60 万字，由我再从中选出约 25 万—30 万字的文章，负责组织翻译，在中国出版。但 1989

年以后，由于种种原因，这套书的计划被搁置下来。1993年，米勒再次来华，我们商定，不论多么困难，都要将这一翻译项目继续下去（此时又增加了版权问题，米勒担保他可以解决）。作为第一辑，我们当时选定了十位批评理论家：哈罗德·布鲁姆（Harold Bloom）、保罗·德曼（Paul de Man）、德里达、特里·伊格尔顿（Terry Eagleton）、伊瑟尔、费什、詹姆逊、克里格、米勒和萨义德等。1995年，中国社会科学出版社决定独家出版这套书，并于1996年签订了正式出版合同，大大促进了工作的进展。

为什么要选择这些批评理论家的作品翻译出版呢？首先，他们都是在当代文坛上活跃的批评理论家，在国内外有相当大的影响。保罗·德曼虽已逝世，但其影响仍在，而且其最后一部作品于去年刚刚出版。其次，这些批评理论家分别代表了当代批评理论界的不同流派或不同方面，例如克里格代表芝加哥学派或新形式主义，德里达代表解构主义，费什代表读者反应批评或实用批评，萨义德代表后殖民主义文化研究，德曼代表修辞批评，伊瑟尔代表接受美学，米勒代表美国解构主义，詹姆逊代表美国马克思主义和后现代主义文化研究，伊格尔顿代表英国马克思主义和意识形态研究。当然，这十位批评理论家并不能反映当代思想的全貌。因此，我们正在商定下一批批评家和理论家的名单，打算将这套书长期出版下去，而且，书籍的自选集形式也可能会灵活变通。

从总体上说，这些批评家或理论家的论著都属于"批评理论"（critical theory）范畴。那么什么是批评理论呢？虽然这对专业工作者已不是什么新的概念，但我觉得仍应该略加说明。实际上，批评理论是20世纪60年代以来一直在西方流行的一个概念。简单说，它是关于批评的理论。通常所说的批评注重的是文本的具体特征和具体价值，它可能涉及哲学的思考，但仍然不会脱离文本价值的整体观念，包括文学文本的艺术特征和审美价值。而批评理论则不同，它关注的是文本本身的性质，文本与作者的关系，文本与读者的关系以及读者的作用，文本与现实的关系，语言的作用和地位，等等。换句话说，它关注的是批评的形成过程和运作方式，批评本身的特征和价值。由于批评可以涉及多种学科和多种文本，所以批评理论不限于文学，而是一个新的跨学科的领域。它与文学批评和文学理论有这样那样的联系，甚至有某些共同的问题，但它有自己的独立性和自治性。大而化之，可以说批评理论的对象是关于社会文本批评的理论，涉及文学、哲学、历史、人类学、政治学、社会学、建筑学、影视、绘画，等等。

批评理论的产生与社会发展密切相关。20世纪60年代以来，西方进入了所谓的后期资本主义，又称后工业社会、信息社会、跨国资本主义社会、工业化之后的时期或后现代时期。知识分子在经历了60年代的动荡、追求和幻灭之后，对社会采取批判的审视态度。他们发现，社会制度和生产方式以及与之相联系的文学艺术，出现了种种充满矛盾和悖论的现象，例如跨国公司的兴起，大众文化的流行，公民社会的衰微，消费意识的蔓延，信息爆炸，传统断裂，个人主体性的丧失，电脑空间和视觉形象的扩展，等等。面对这种情况，他们充满了焦虑，试图对种种矛盾进行解释。他们重新考察现时与过去或现代时期的关系，力求找到可行的、合理的方案。由于社会的一切运作（如政治、经济、法律、文学艺术等）都离不开话语和话语形成的文本，所以便出现了大量以话语和文本为客体的批评及批评理论。这种批评理论的出现不仅改变了大学文科教育的性质，更重要的是提高了人们的思想意识和辨析问题的能力。正因为如此，批评理论一直在西方盛行不衰。

我们知道，个人的知识涵养如何，可以表现出他的文化水平。同样，一个社会的文化水平如何，可以通过构成它的个人的知识能力来窥知。经济发展和物质条件的改善，并不意味着文化水平会同步提高。个人文化水平的提高，在很大程度上取决于阅读的习惯和质量以及认识问题的能力。阅读习惯也许是现在许多人面临的一个问题。传统的阅读方式固然重要，但若不引入新的阅读方式、改变旧的阅读习惯，恐怕就很难提高阅读的质量。其实，阅读方式也是内容，是认知能力的一个方面。譬如一谈到批评理论，有些人就以传统的批评方式来抵制，说这些理论脱离实际，脱离具体的文学作品。他们认为，批评理论不仅应该提供分析作品的方式方法，而且应该提供分析的具体范例。显然，这是以传统的观念来看待当前的批评理论，或者说将批评理论与通常所说的文学批评或理论混同了起来。其实，批评理论并没有脱离实际，更没有脱离文本；它注重的是社会和文化实际，分析的是社会文本和批评本身的文本。所谓脱离实际或脱离作品只不过是脱离了传统的文学经典文本而已，而且也并非所有的批评理论都是如此，例如詹姆逊那部被认为最难懂的《政治无意识》，就是通过分析福楼拜、普鲁斯特、康拉德、吉辛等作家作品来提出他的批评理论的。因此，我们阅读批评理论时，必须改变传统的阅读习惯，必须将它作为一个新的跨学科的领域来理解其思辨的意义。

要提高认识问题的能力，首先要提高自己的理论修养。这就需要像经济建设那样，采取一种对外开放、吸收先进成果的态度。对于引进批评理论，还应该有一种辩证的认识。因为任何一种文化，若不与其他文化发生联系，就不可能形成自己的存在。正如一个人，若无他人，这个人便不会形成存在；若不将个人置于与其他人的关系当中，就不可能产生自我。同理，若不将一国文化置于与世界其他文化的关系之中，也就谈不上该国本身的民族文化。然而，只要与其他文化发生关系，影响就是双向性的；这种关系是一种张力关系，既互相吸引又互相排斥。一切文化的发展，都离不开与其他文化的联系；只有不断吸收外来的新鲜东西，才能不断激发自己的生机。正如近亲结婚一代不如一代，优种杂交产生新的优良品种，世界各国的文化也应该互相引进、互相借鉴。我们无需担忧西方批评理论的种种缺陷及其负面影响，因为我们固有的文化传统，已经变成了无意识的构成，这种内在化了的传统因素，足以形成我们自己的文化身份，在吸收、借鉴外国文化（包括批评理论）中形成自己的立足点。

今天，随着全球化的发展，资本的内在作用或市场经济和资本的运作，正影响着世界经济的秩序和文化的构成。面对这种形势，批评理论越来越多地采取批判姿态，有些甚至带有强烈的政治色彩。因此，一些保守的传统主义者抱怨文学研究被降低为政治学和社会科学的一个分支，对文本的分析过于集中于种族、阶级、性别、帝国主义或殖民主义等非美学因素。然而，正是这种批判态度，有助于我们认识晚期资本主义文化的内在逻辑，使我们能够在全球化的形势下，更好地思考自己相应的文化策略。应该说，这也是我们编译这套丛书的目的之一。

在这套丛书的编选翻译过程中，首先要感谢出版社领导对出版的保证；同时也要感谢翻译者和出版社编辑们（如白烨、汪民安等）的通力合作；另外更要感谢国内外许多学者的热情鼓励和支持。这些学者们认为，这套丛书必将受到读者的欢迎，因为由作者本人或其代理人选择的有关文章具有权威性，提供原著的译文比介绍性文章更能反映原作的原汁原味，目前国内非常需要这类新的批评理论著作，而由中国社会科学出版社出版无疑会对这套丛书的质量提供可靠的保障。这些鼓励无疑为我们完成丛书带来了巨大力量。我们将力求把一套高价值、高质量的批评理论丛书奉献给读者，同时也期望广大读者及专家学者热情地提出建议和批评,以便我们在以后的编选、翻译和出版中不断改进。

王逢振
1997年10月于北京

目 录

视觉惶恐：W. J. T. 米切尔与爱德华·萨伊德访谈录 ………（1）
弗雷德里克·詹姆逊访谈录 ………………………………（27）
访谈弗兰克·兰垂奇亚 ……………………………………（40）
与大江健三郎的谈话 ………………………………………（79）
盖亚特里·查·斯皮瓦克访谈录 …………………………（104）
采访谢默斯·迪恩 …………………………………………（134）
采访杰弗里·奥布赖恩 ……………………………………（150）
关于诗歌、语言和教学：与查尔斯·伯恩斯坦的谈话 …（160）
美学：解释学与解构论的相遇——伽达默尔访谈录 ……（186）
什么是群众？——哈特和内格里访谈录 …………………（205）

视觉惶恐：W. J. T. 米切尔与爱德华·萨伊德访谈录

W. J. T. 米切尔

米切尔：我很想听听你对视觉艺术和媒体的看法，这也是这次采访的目的。可是，当你得知我们想采访你时，你的第一反应却是赶快声明自己没什么可说的。

萨伊德：（笑）我的第二反应还是如此。

米切尔：我当然不相信。所以，我坚持要进行这次采访。首先，我想知道，为什么你的第一反应和第二反应都是想回避这方面的话题？

萨伊德：坦率地说，如果是与语言、声音相关的话题，我觉得自己词汇丰富，且不乏经验。但涉及艺术，我感觉自己有些语塞。除了在写文章时偶尔提及，对于视觉艺术我真的毫无经验。

米切尔：语塞？是不是因为你觉得这是一种新的尝试？

萨伊德：当然。

米切尔：你刚才说，你在写文章时偶尔也会涉猎视觉艺术，说明你还是有话可说的。具体指哪些方面呢？

萨伊德：看了你寄给我的那些问题以后，我仔细想了想，觉得可以就某些具体方面谈一谈。但如果要我笼统地谈论视觉艺术，我真感到有些惶恐不安。

米切尔：也许我们应该把这次谈话叫做"视觉惶恐"。我们就从博物馆谈起吧。你经常去博物馆吗？你常去的博物馆是哪些？

萨伊德：哦，事实上我很少去博物馆。只有当博物馆举办一些我感兴趣的展览时，我才去看看；有时候，如果碰巧经过某个博物馆，我也会进去逛逛。比如几个星期前，我途经第五大街时，觉得好久没去弗里克画廊了，我就想："好吧，进去看看吧！"于是，我就走了进去。这就是我刚才说的那种情形。我不常去美术馆。有时因为某个特定的目标也会与朋友一起去美术馆看看；但也有下列情况：我经常去巴黎，可没去卢浮宫。不过，几年前，我去了巴黎大都会。

米切尔：你走进博物馆以后，是否直接奔向某些特定的展厅？比如说，绘画，雕塑，摄影？

萨伊德：去观赏绘画以及摄影作品的概率要大于欣赏雕塑作品。不过，大约在三十年前，我突然对罗丹非常感兴趣，当时又没有看过罗丹的雕塑，于是就去了罗丹博物馆，而且从那时起我开始收集看过的雕塑品的图片。但是，我通常只对绘画感兴趣，主要是那些自18世纪后期起直至当代的作品。我不太喜欢早期的绘画，比如文艺复兴时期的作品。

米切尔：从阶段看，这与你对文学作品的兴趣并无二致。

萨伊德：哦，不，我对文学作品的兴趣正好相反，尤其是英国文学，我一直喜欢读早期作品。我非常喜欢英格兰文学，尤其是伊丽莎白时代和詹姆斯一世时期的大部分戏剧作品。我觉得，我在视觉艺术方面的兴趣不如我在文学方面的爱好那样带有天主教色彩。

米切尔：刚才你提到了卢浮宫。你很可能知道，近几年来，卢浮宫聘请了一些非专业人员做展览策划。这些人只是根据自己的个人爱好从收藏的作品中选择一些进行展出。如果是你，不管是在卢浮宫还是在别的什么博物馆，你会怎么选择？

萨伊德：哦，这倒没想过。不过，我首先会想到戈雅，因为他是我成年以后一直为之着迷的艺术家。我会以戈雅的作品为中心选择展品，很可能会把他全部的作品拿出来进行展览。当然包括他早期的作品，比如斗牛题材的、人物画，还有充满幻想和戏剧特点的晚期作品。戈雅作品中表现了一种本质性的东西，至少我认为如此。

米切尔：关于戈雅的作品，你能否说得更具体一些？

萨伊德：我有以下几点看法。首先，戈雅的作品表现了自由与狂想，有一种传奇色彩。你知道，像萨杜恩吞噬自己的孩子，或者各种停尸房的画，《战争的灾难》，关于五月三日执行死刑的画——这些作品都使我感到震撼。其次，他的作品体现了画家本人的漠然态度。我的意思是，这些作品在很多方面显得自由而富有深度。我感到，他对主题给予了相当的关切，但同时又与它保持一种带有反讽意味的距离感。我感到，在强大的力度中蕴涵着一份温柔。此外，给我感受最深的是那些极富感染力的色彩。各种颜色旋转着向四周伸展，显得自由奔放，把我们带到了画家进行创造的那一刻，看到他朝画布上投掷各种色块。我对戈雅作品的总体印象是刚强有力；其他任何一位画家的作品都没有像戈雅的画那样深深地印在我的脑海里。

米切尔：听了你这番描述，我不由得联想起——

萨伊德：布莱克。

米切尔：不，不是。也可以说是布莱克。不过我想到的是你。

萨伊德和米切尔：（笑）

米切尔：我想到了你在充满矛盾和暴力的政治领域中保持的个人立场，尤其是你在巴勒斯坦解放运动中的姿态。你在超然中带点反讽，在怀疑中不乏柔情。是否可以把你的这种态度称作戈雅式的？

萨伊德：噢，可以这么说。不过，这仅仅是隐含其中的意味，并不是我公开表明的态度。关于戈雅，另一个深刻印象是他对资产阶级贵族和权威的绝对藐视；当我回忆起弗里克画廊里戈雅的一幅画时，我更深刻地感受到了这一点。看戈雅的画，你会感觉到他似乎在竭力展现他们身上的某种缺陷。在我知道的画家中，大部分的画家在创作某一类作品时尽力避免这种做法。可是戈雅就不一样。我的意思是说，他有些像弗朗西斯·培根那样，有些像，但不完全相同。

米切尔：是这样。真的，我觉得你的这一发现很有新意。

萨伊德：我感到这一点给我印象很深。另外，我发现戈雅完全不把权贵放在眼里。在他看来，权威只不过是徒有虚名、装腔作势、装点门面、自以为是的东西。仔细观察戈雅的画，你会发现，他描绘的贵族都自视甚高、狂妄自大。同时，你还会感觉到——戈雅，我真不明白他是怎么做到这一点的——他仿佛还在画中表示了一番议论。你瞧，这有点像格伦·戈尔德演奏的巴赫或是其他作曲家的作品——听众除了欣赏音乐之外还能听到演奏者才情洋溢的评论。就戈雅而言，他总以藐视的眼光看待那些权贵。

米切尔：是这样。他仿佛在写实与漫画之间找到了一种中间手法……

萨伊德：是这样，正是这样，对极了。

米切尔：……因此，他在处理人物画时表现得既同情又超然。他没有把贵族完全描绘成一个类型，当然也不以他们自己的眼光展示他们。

萨伊德：是这样。完全正确。你看，既然我们在谈论西班牙艺术，除了戈雅，我就不妨再谈谈委拉斯凯兹（Valazquez），当然，我对这位画家远不如对艾尔·格列柯（El Greco）那么了解。特别值得强调的是委拉斯凯兹的晚期作品，他的宗教画、静物画，还有像《特里多的风景》那样的风景画。我喜欢这些画表现的那种神秘的、阴森森的、几乎是令人感到恐惧的东西。与戈雅不同，委拉斯凯兹作品中那些奇异修长的造型，尤其是画家本人十分感兴趣的那些修道士、教堂，无一不透出一种逼人的阴森和神秘。我不信鬼神，也没有接受过他那个时代的教会教育；在我看来，所有这些都意味着不可测度的神秘，令人心悸的宗教裁判以及与信仰和幻想相伴相随的折磨。我会把戈雅与威拉斯凯兹的作品摆放在一起。此外，我想我还会选择一些摄影作品。

米切尔：据我所知，你关于视觉艺术的评论性文章，最长的一篇是与让·默尔（Jean Mohr）合作的《最后的天空之后》一书中的那一篇，里面还附带着一些摄影照片。我想了解你与摄影艺术的关系。你什么时候……

萨伊德：关于艺术展览策划的问题，我们还没有讨论完吧？

米切尔：噢，如果你愿意，我们可以接着谈，权当是那个问题的第二部分……

萨伊德：不，还是刚才的谈话内容。我在想，除了委拉斯凯兹，我还应该向观众推荐毕加索。我觉得他是位非常重要的画家。当我把他的作品与戈雅那些充满幻想、风格多变的作品放在一起时，我更觉如此。像格列柯的某些作品一样，毕加索的画也有那种令人迷醉的特质，他的那幅《亚威农的少女们》（*Demoiselles d'Avignon*）就是一例。塞尚描绘的山脉以及一些描绘爱克斯（普罗旺斯地区）的风景画也有同样的特质。这些画在我眼里显得非同寻常。此外，我们还不应该忘记凡·高那些近乎疯狂的作品。人所共知，凡·高的画与文学作品有着许多共鸣。

至于你提到我与让·默尔合作的事，我想，除了那一次以外，我从未在摄影艺术方面作过那样的尝试。那时，我专心致力于研究巴勒斯坦的政治问题,而且有两种特别强烈的感受。其一,我感到自己的所作所为——即演讲与写作——缺乏个人声音;我觉得自己与集体的、官方的以及非官方的融为一体,而且写的东西存在着根本性的问题。其二,我深切地感到自己处于一种被流放的境地,已经被流放了好多年,到那时为止也已经有20年了。在这期间,我投身政治,却连回中东看看都不行。当时,正值黎巴嫩内战,我无法回去。我知道,因为我是民族委员会的成员,所以也不可能去巴勒斯坦。我好几次想去约旦河西岸和加沙地带,可是,朋友们在以色列方面做些试探以后对我说,不可能;如果我去了,会立即被抓进监狱,或是受到别的什么惩罚。所以,我只好作罢。我很清楚我根本无法与那儿取得直接联系。就在这种时候,我于80年代初遇见了与让·默尔合写《另一种叙述方式》的约翰·伯格(John Berger)。我很喜欢那本书,觉得它恰到好处地说明如何用图片进行叙述,于是就为这本书写了个书评。

米切尔: 然后呢?

萨伊德: 让·默尔说话不多,为人谦虚。他说:"我告诉你,我那儿有八九千幅巴勒斯坦的照片,是我从1948年起开始在红十字会工作以后拍摄、收集的。"于是,我就去他那儿看了那些照片。当时,还有一件事,也许算得上促成整个计划的关键性事件,就是为解决巴勒斯坦问题召开的1983年联合国大会,我以顾问的身份出席了那次会议。看了让·默尔拍摄的那些照片后,我就向在日内瓦组织这次会议的工作人员提了个建议,要求他们把一部分照片挂在会议大厅的入口处。他们倒是答应了,但同时又告诉我,要使阿拉伯国家的代表同意这样做,唯一的办法是不得为这些照片提供文字说明。这颇有些反讽意味。我在《最后的天空之后》的开头讲述了这件事。

米切尔: 我记得。

萨伊德：于是，那些没有任何文字说明的照片就默默地挂在那儿。但是，以阿拉伯人的眼光来看，这种形式本身足以说明了照片本身具有的政治干预力量。我被当做是一枚无形的导弹。他们以为我会说一些"不恰当"的话。从某种意义上说，我觉得有一种力量促使我写那本书。接着，我们，或者说是我，花了好几个星期的时间对那一大堆照片进行筛选。让·默尔对此没有反对。我的意思是，后来出现在书中的那些照片是我选的，他没有插手这件事。有时他会说，"我可不敢肯定我会像你那样看那些照片。"而实际上，我在选择时并不考虑照片本身——这一点很重要——我也不是以摄影家的眼光去判断哪些照片不同寻常，哪些平淡无奇。我主要看它们是否能引发某些想法。我说不清我在看那些照片时是什么样的感受，但我选了一些。然后，把那些照片摊在地板上，仔细观察。一连好几个星期，那些照片就这样摊在地板上。接着，我把它们分成不同系列。不过，我当时自己都不十分清楚它们代表什么意思，更别说向他人讲述了。我只是觉得各个组合之间存在着某种联系。我把这些照片分成四组，又将每一组分成几个小组。做这一切的时候，我感到很不具体。也就是说，我实际上是依照了伊斯兰国家非写实派艺术中的一些简易规则，使自己在处理时更加得心应手。你知道的，有些图案可以用眼看，但不能在看的意义上把它们再现出来，它们有一个主题，但它们也有母题，而且更像是音乐的母题。因此，我决定把那本书分成四个部分。然后，在对每个部分进行命题以后，我就依次着手进行。最后一项工作是把那些图片按照一定的方式安插在书中，并在页面适当的位置进行排列。有些照片得放在上方，有些在两侧，有些得纵向排列，有些必须整幅刊登，有些要加边框，有些则不加，就是这些事。

米切尔：整个过程几乎像在搞音乐创作，可我在读那本书的时候还没有完全理解这一点。

萨伊德：是的，是有些像。之所以这样，是因为我找不到一个具有叙事特征或是哲学意味的写作计划。

米切尔：是这样。

萨伊德：等到全部完工以后，我把第一部分叫做"国家"，称第二部分为"内部"，第三部分为"紧急情况"，第四部分为"过去与未来"。这些命名听上去既平淡又抽象。我尽量从这些名词的原始意义去理解所涉及的内容，使它们接近巴勒斯坦人的说法，准确描述巴勒斯坦以及巴勒斯坦人民的生活状况。譬如，第二部分以房屋的内部状况展示巴勒斯坦人民如何在流亡地重建家园。我觉得第一幅照片是一幅优秀的摄影作品，照片上是约旦一所难民营的门廊，墙壁上有许多的乱涂乱画，一个小孩从门里探出脑袋，向外张望。我认为这正好是我希望表现的东西，因为整个画面都表明了"从里面向外望"以及这一意象对巴勒斯坦人的寓意。

米切尔：的确如此。也就是说，你认为有些照片因为具有强烈的感召力而成为寓意丰富的意象，它们昭示着……

萨伊德：是的。

米切尔：它们昭示着巴勒斯坦民族身份的基本特征。

萨伊德：可是，无论是在当时还是现在，我依然没有信心像谈论一般的摄影作品那样准确描述那些照片。我无法对它们进行分析。这些照片究竟如何与我的内心感受形成一种对应或增补关系，这是我更感兴趣的事。在我发表于《伦敦书评》上的文章"允许叙述"中，我对隐含其中的道理作了理论分析。我谈到了叙述巴勒斯坦问题时的困难……我的意思是，由于种种原因，我们不能，也无法从民族的角度作出一种具有线形特征的叙述。有太多的障碍，而且我们在许多方面处于被分割的困境，而这种缺乏轴心的局面使我们的生活基本上处于分裂状态。因此，正如你看到的，从这个意义上，我说，哦，我既不能以传统的方式，也不能用人们业已接受的方法叙述。我不得不另辟蹊径。

米切尔：照片的拍摄时间重要吗？在你眼里，摄于1965年的照片与摄于1975年的照片是否关系重大？

萨伊德：不，我不觉得这很重要。我觉得关键是人物的脸。对此，我一向很在意。如果我觉得照片上的那张脸似乎在向我诉说什么，或许我就会问让·默尔这个人是谁，而他会马上告诉我他是何许人，伴随他的是个什么样的故事——让还会向我解释他当时为什么要拍这张照片，出于什么样的兴趣。不过，这并不是惯例，有时候我选择某些照片恰恰是因为拍摄的时间已无从考证。我觉得在这种照片里有一种东西，一种……我该怎么说呢？有一种……

米切尔：不可知性？

萨伊德：是的，正是这样。

米切尔：就这一点而言，我觉得自己在读那本书时感到最迷惑也是最感动的一个地方，是你对那幅妇女肖像特写进行的评述。照片中的那位妇女一手托着下巴，正对着镜头……

萨伊德：……脸上布满皱纹。

米切尔：是的。你在描述这幅照片的同时，似乎也在描述我们国内的生活。

萨伊德：是这样。

米切尔：当时我以为她是你姐姐，或许是玛丽娅姆，她对你说，"哦，这是法拉吉夫人。"

萨伊德：没错。

米切尔：接着，你说你感到自己驻足于某个地方，猛然意识到那种不可知的东西突然变成了可知的……

萨伊德：是这样。

米切尔：……这幅照片的确发人深思……

萨伊德：此外，正如我在书里写的，我同时也感到像丢了什么东西。

米切尔：是这样。

萨伊德：我觉得照片中的这个人在我的意识里处于熟悉与不熟悉之间，或者，仅仅因为有人告诉我她是谁，我突然觉得她是那么熟悉。我觉得这种游离不定的感觉挺有意思。然而，也就是在这两种感觉之间，我看到了那张真实的脸，也正是在这张真实的脸上我发现了某种难以描述的东西。我把这幅照片从命名为"内部"的最后一章移了出来。

米切尔：你是否也会在你目前正在写的那本回忆录里安排一些照片？

萨伊德：是的。上星期，我的英文编辑来了。我们对目前已经完成的那部分手稿进行了讨论，也谈到了这事。我是说，我现在已经写了十万字，因此，我和他对于那本书的整体都有了一个大致的概念。如果一切顺利，我们也该知道什么时候全部完稿。我俩都觉得有必要在书中安插一些我过去的个人照片。在我家的小橱里有满满的好几箱照片，是我从三十年代末开始一直收集至今的成果。我也搞不清怎么会有那么多。

米切尔：你在书中会对那些照片作些评述吗？

萨伊德：会有一些很风趣的评述。换一种说法，有一些事……你的问题倒是提醒了我，比如，今天上午我写到这本回忆录中最了不起的人物之一，就是我的父亲。我觉得与父亲的关系是痛苦的，带有创伤性的。他是个沉默少言的人。对他的过去，我了解很少，而且从未真正了解。尽管如此，他一直控制着我，我的意思是，他总是竭力要求我按照他的意志行事；他要求我做到的大多与我的身体有关。我是说，我从八岁——七八岁——时就意识到自己在许多方面达不到他的标准。我二十一岁之前，一直生活在他的控制中。记得我从普林斯顿大学毕业时，我和他一起去纽约。从我童年起，他就一直说我的行为姿势很难看，并且总是抓住这一点,不肯轻易饶了我。那一次,我们从普林斯顿到了纽约,然后去曼哈顿购物。我记不起具体在什么地方,他给我买了副背带,要我穿上,我就穿了——我的意思是,简直是弗洛伊德的模式……

米切尔:(笑)

萨伊德:……他让我穿上那玩意儿是为了要我保持挺拔的姿势。我们之间就是这样,存在着某些方面的问题。我目前正在写那个时期的事,写到 1961 年,我发现——我记得很清楚——父亲得了恶性黑素瘤。这种病后来夺走了他的生命……因为肿瘤转移到了肺及其他部位,变成了肺癌。当我得知他快要死了——我正在写这一节——我觉得脚下的大地仿佛在下陷。我意识到自己对父亲的感情以及我们之间那种特别的关系。有一张我与父亲在一起的照片,大约摄于 1937 年至 1938 年间。照片上的我还是个孩童。地点是亚利山大海市的海滩。父亲在我后面,或许毋宁说坐在我后面,我站着。你瞧,父亲一直在我后面,他支持着我;但从另一方面讲,父亲的权威一直深深地影响着那时的我。

米切尔:还有没有别的能引起你成长期记忆的照片?

萨伊德:有。当我收到你寄来的那些涉及视觉领域的问题时——关于艺术、媒体、个人经历、回忆等,我想到了一点,那就是,我们当时所处的视觉文化氛围几乎无一例外地属于伊斯兰文化,与古代埃及、法老时代几乎没有什么联系。耶路撒冷没有博物馆,在开罗,我能看到的是建筑艺术,那些图案、造型都与文字相关,而不是像西方绘画传统那样,通过透视、展现人物形态等形式来强调图像带给人的视觉效果。因此,我对涉及绘画、图像的视觉艺术很不了解。没有了解的途径。

在我的青年时代,我有过两种印象很深的视觉体验。一是参观蜡像馆。有一个蜡像馆,里面展现了埃及历史上的一些场景。比如,苏伊士运河开通的场景,那是君主政体时代的事。人物形象栩栩如生。我深受吸引，因此常去。我那时大概是五、六、七岁的年龄——我看着那些蜡人，期待着他们能动起来，开口说话。当然，我也知道这不可能。可我依然常去看。我父母有一位研究历史的朋友，他住在贝鲁特，每年都会到开罗来一两次。我记得自己当时最大的快乐之一便是跟着他去参观蜡像馆。我请他在那儿讲话，当做是那些蜡人在说话。

米切尔：很有趣。

萨伊德：这种经历对于我意味深长。第二是去农业博物馆参观那儿的展品。那个博物馆在吉萨，整个博物馆由三幢巨大的建筑构成，很可能是英国人建造的。中间的那幢楼里陈列着麦子、甘蔗以及其他一些农产品。此外，还有一些介绍埃及灌溉系统的展品，鸟类以及动物。可是，最让我着迷的是那些展示各种疾病的玻璃陈列柜，不是活人的形象，而是向人们展现受到疾病侵扰的人体解剖结构。我会一次又一次，一遍又一遍地去看那些血吸虫、丝虫，以及诸如此类的东西。

米切尔：它们是得了这些病的病人照片吧？

萨伊德：不仅仅是照片，还有样品。

米切尔：哦，是这样。

萨伊德：这些东西让我感到既恐怖又着迷。

米切尔：你刚才说是些样品，是指病菌的样品吧？

萨伊德：是……是些……我想想，比如，一个患象皮病病人的腹部……不仅仅患有象皮病，还得了雅司病。除了可以看到正面部分，还可以看到一个横切面，观察内部情况，就是如此。像用于医学研究的模型。

米切尔：我懂了。

萨伊德：我当然感到震惊，可我把那些介绍读了又读，看了又看；我感到有些恐惧，仿佛四周都是那些病菌。这就是我的两种视觉经历。到50年代我第一次去欧洲，这才有机会参观了那里的艺术博物馆。在这之前,我根本不知道艺术博物馆是什么样。

米切尔:这就容易解释为什么你感觉自己是研究西方艺术传统的后来者,并且不太愿意涉及这方面的话题。

萨伊德:我的确是后来者。所以,我把大量的精力放在两个方面,一是读和写,二是音乐。

米切尔:是的。刚才你关于吉萨农业博物馆的描述对我触动很深。对一个孩子来说,这也许是最不同寻常的感官体验了。你觉得那种经历对日后的你有什么影响吗?你现在怎么看待那种经历?

萨伊德:可以这么说,我回忆那段经历和场景,部分原因是由于我目前的疾病。你知道,这些事由于想象的作用而变得直观生动。其实,疾病的产生和发展过程一直潜伏在人体内部;它渐渐地演变着,慢慢消解、日益恶化乃至使人体变形;我一直对这个过程饶有兴趣。我在青年时代看过的电影《道连·格雷的画像》,至今历历在目。

米切尔:噢。

萨伊德:我那时只有十几岁,我不知道你是否记得这部电影,由乔治·桑德斯(Gorge Sanders)主演,道连的扮演者是赫德·哈特费尔德(Hurd Hatfield)。在后半部分,我们看到,随着情节的发展,虽然道连变得越来越颓废、堕落,但他美貌依旧。另一方面,那幅藏在阁楼里的画却日渐破败衰老,直至腐烂变朽。我对伊万·奥尔布赖特(Ivan Albright)的一幅画作过研究。伊万·奥尔布赖特——你记得他吗?——他是30至40年代一位迷恋创作腐烂题材与疾病意象的美国艺人。为了拍摄这部电影,电影公司给了他一笔定金,让他画那幅画。我之所以记得这影片,是因为我当时的感受与我参观农业博物馆时的经历有些相似。

米切尔：也许这依然与你喜欢戈雅和格列柯的作品有关，因为这两位画家都喜欢展现畸形的身体……

萨伊德：是的。

米切尔：在这两位画家手下，那些东西都显得很逼真。

萨伊德：完全如此。

米切尔：好了，现在我想听你说说你第一次看歌剧时的感觉。亲临现场观看歌剧与听实况录音不同吧？当你观看歌剧时，这种视觉艺术对你产生了什么影响？有重大意义吗？

萨伊德：哦，我清楚地记得第一次去歌剧院的感受。那时，我大概十二三岁。当时在开罗。每年冬天，大约从一月开始一直持续到二月底，那儿都有一个为期两月的意大利歌剧节。我父母预定了入场券。我第一次看的歌剧是《安德里亚·切尼尔》（Andrea Chenier），依我现在的眼光看，那是一部由一位名叫乔丹诺（Giordano）的五流作曲家完成的三流歌剧（笑）。在观看之前，我从未听说过这部歌剧的作者和曲作者。当我得知要去看歌剧时，我记得我问的第一个问题是，也许是问我父亲："他们是一直唱歌还是伴有台词？"回答是："没有台词，全是唱。"我因为不懂意大利语，一听这话，就感到非常害怕。一想到看歌剧就是听音乐，听我根本听不懂的语言，我就感到十分沮丧。不过，我后来完全被舞台上的演出场面所吸引。这真是出乎我的预料。我的意思是，我原以为舞台上只有演员站在那儿唱。在这以前，我没有看过任何舞台表演，也没看过清唱剧或者合唱节目。这足以说明我对音乐的认识极其有限。当我看到……我记得那位扮演吉拉德的男中音演员叫吉诺·比奇（Gino Bechi），他在四五十年代很有名。只见他像电影演员道格拉斯·费尔班克斯（Douglas Fairbanks）那样一会儿挥动长剑，一会儿纵身跃过桌子，而在这整个过程中他从未停止歌唱。我觉得这太精彩了。不过，另一方面，我觉得音乐却不怎么样。我后来在我家的唱片收藏中找到了一部叫作《人民公敌》的咏叹调，就是这位作曲家写的曲子，只不过是由另外一位歌唱家唱的——我记不起他叫什么——反正不是比奇——我为了证明自己的判断，也为了忘掉那部我只看了一遍的歌剧，我把这张唱片听了一遍又一遍。当然，我最深的印象，最难忘的感受，应该是我觉得自己对歌剧的了解竟是如此之少。这可不像一盒录音带，可以重新来一遍，或者不断反复，我在歌剧方面极其有限的经历是一种不可逆转的事实。它可不像一幅画或是其他什么物体那样可以重新玩味。那种经历"定格"在某一时刻，而且是一个非常微妙的时刻，你想拥有它的唯一办法是借助记忆。我当时对音乐的记忆力常常令人惊叹。在听过某一个曲子以后，我能在头脑里把某些片段重演一遍。不过，我要等到去普林斯顿读大学的时候才认识乐谱。

米切尔： 那么，你怎么看待歌剧的舞台布景？你是否觉得舞台布景是可有可无的？

萨伊德： 不，完全不是这样。事实上，在最近几年中，我对舞台布景很感兴趣，简直到了入迷的程度。也就是说，我意识到，在我所看过的绝大部分歌剧中，大部分，不是所有的，布景都是必需的。我看的那部歌剧因为其新颖的舞台布景及其导演手法一直萦绕在我心头。歌剧的视觉效果原本仅仅是演出的背景。在我早年看过的歌剧中，包括在埃及和在麦特，印象最深的是1958年在拜罗伊特的那一次——我那时二十二岁，刚刚从普林斯顿大学毕业——我深切感受到艺术家们由于采用了瓦格纳提倡的"主导动机"技巧而使歌剧呈现一种更完美、更具阐释性的艺术效果。我为之震撼。我的意思是，这有点像标题音乐，也就是说，艺术家们想摆脱尼伯龙根的《指环》，以及日耳曼传统和纯粹的写实风格。所以，他们抛弃了面罩、长矛、四轮马车、皮毛大衣等诸如此类的舞台道具。整个风格显得十分抽象。舞台效果主要来自舞台灯光，以及处理舞台聚光的特殊办法。根据剧情发展需要，他们有时把聚光点分成两半，有时使它呈倾斜状，有时让它变成扁平形。我意识到自己在对其他表现艺术以及节奏运动的艺术进行阐释时常常忽略了这种舞台布景的作用。也就是从那以后，我开始专心思索。我的意思是，歌剧中的视觉、戏剧因素其实与音乐质量一样，具有同等重要的位置。我努力寻找赞同这种观点的导演和布景设计师，而这也是我为什么对歌剧产生兴趣的原因。歌剧的魅力在于它融合了视觉效果、戏剧冲突和音乐审美；当然，还有历史因素。我是指渗透在这些因素中的历史成分。

米切尔：我曾经与你提起福柯以及他关于历史的理论阐述，也许现在是谈谈这方面问题的最佳时刻。我想到了德鲁兹对福柯的看法，他说，福柯的思想基本上建立在一种两分法的分析理论上，即，可视的与可说的（the seeable and the sayable）；换言之，也可以称之为可言说的与可见的（the articulable and the visible）。你认为这一说法有道理、有用吗？

萨伊德：哦，我总觉得，福柯在谈到认识论时，他所指的不是通常意义上的认识论，不是康德或者维特根斯坦意义上的认识论。福柯的著作中有一种很明显的戏剧成分，他的认识论是某种戏剧道具。

米切尔：是这样。

萨伊德：我记得，在《词与物》一书中——这本书在法国出版后，我想我可能是最先注意到这一点的人之一——在阅读此书时，我激动地意识到，福柯的认识论常常是指存在于人与可视物之间的一种对应关系。比如说，桌子的概念，画面的概念，主题，透明，等等。人并不总是通过自己的视觉感官认识到这些物体的存在。

米切尔：完全正确。

萨伊德：不过，在福柯的著作中，至少暗示了展示（display）和戏剧化的基本倾向。另外，在《知识考古学》、《事物的秩序》和《戒律与惩罚》中，我感觉到他迫切希望从视觉的角度开始他的讨论——换言之，事物之所以可以被言说，是因为它具有可视性。比如，他以对达米昂这位弑君者的车刑开始，把话题引向关于监狱的探讨。还有，他在《知识考古学》中表达的主要论点，使我想起博尔赫斯的一些思想，我觉得这也许是福柯有意而为之的。另一种情况比较特殊，有些说法，部分属于可说，部分属于可视。在《事物的秩序》中，福柯现身说法，比喻自己正站在某个地方，以某种方式说话。我觉得这些话很不一般，很有新意，既像看得见的戏剧又像听得见的演讲。

米切尔：不错。我把福柯说的"异位移植"理解成将可说与可视进行结合的某种言说方式……

萨伊德：是这样。

米切尔：……它们因为各自不同的特质而不完全相等，我们不能简单地将两者进行互为替代。

萨伊德：是的，它们是不同的。这也就是我刚才为什么说它们是一种对应关系，而不是替代关系，双方都具有对方无法承担的功能……

米切尔：正是这样。

萨伊德：……如果你去掉其中的一方，另一方就会出现缺损现象。

米切尔：让我们稍稍偏离一下这个话题，谈谈空间和地理方面的问题——如地域，经过景观美化的地域——以及你作品中涉及的时空问题。关于这方面，我还没有想好一个专门的问题……

萨伊德：哦，不过，你知道，这方面……

米切尔：……这显然是个很重要的方面。

萨伊德：我很清楚这一点。

米切尔：那好，请继续讲。

萨伊德：我作了一个有些刻板的分类，把那些依照时间发展规律并且拘泥于此的思想家算做一类。这一类包括继承黑格尔传统的思想家，解构主义者——包括德·曼，德里达，卢卡契，等等；另外一类，我称之为空间传统，包括维柯和格兰奇。我发现，这一传统起源于根据卢克莱修哲学思想发展起来的意大利唯物主义传统，但包括维柯和葛兰西。在这一传统中，人们对于社会的理解基于一种地域观念，因此，在这一传统的批评和哲学思想中，问题的关键在于如何以一种观念取代另一种，以及如何在互相争夺的不同领域里挪动位置。我觉得我是属于第二类的，因为我写的大部分著作都与地理划分、地理空间有关。

米切尔：是这样。

萨伊德：在某种意义上，我认为——至少我的个人经验告诉我是这样——领土、争夺地盘以及遭受盘剥是巴勒斯坦人民总体经验的一部分。也就是说，因为没有地方，没有空间，人们必须为改变现状做点什么。空间一旦失去，就很难找到什么东西可以替代。所以，语言与空间的关系就显得十分重要，成了写作与距离的关系问题，而这又加深了我对被流放和被驱逐的思想感受。

米切尔：那么，早些时候，你谈到了叙述以及巴勒斯坦的叙述空缺，你是否也把这种空缺看做空间的丧失、匮乏……

萨伊德：当然。

米切尔：是指空间的缺损？

萨伊德：这儿所说的叙述是指在某地说话的一种功能。

米切尔：我明白了。也就是说，你觉得叙述实际上是个空间概念。

萨伊德：当然。它不是个时间概念。我的意思是，叙述固然有时间成分——不承认这一点是愚蠢的。但我觉得更主要的是，它使某个空间产生某个物体。如果你愿意，也可以称之为领土的形成。像小说《鲁滨孙漂流记》里的鲁滨孙，通过叙述，鲁滨孙在脑海里旧地重游,再次经历海难事故,占据领地,塑造自己在岛上的形象。这才是关键的一点。

米切尔: 现在,你能否谈谈视觉意象以及你一直坚持的阐释立场——世俗阐释,或者世俗政治。像所有的左派批评家,包括我自己,你……

萨伊德: 我们这批人的数量正在日益减少……

米切尔: 噢……(笑)不管怎样,我们还是能生存下去的。你经常用一些词来描述某些身份政治和民族主义,比如,物神崇拜、偶像崇拜。崇拜和偶像崇拜,说白了就是意象变成了目的,通过拟人化手段,变得神秘化。我想知道,你对这种现象的思考是否上升到了一个理论高度?你坚持的世俗主义有没有什么前提?你本人有没有崇拜物或偶像?

萨伊德: 哦,我尽力避免崇拜。请允许我用一种有些乏味的方式回答你的提问。我对某些物品有些偏爱,包括看得见的和摸得着的,尤其是织物,用于服装制作的纺织品。我非常喜欢这些东西。我总是饶有兴趣地为找到……

米切尔: 我不止一次地发现,你旅行时携带的旅行箱至少比我的大三倍。

萨伊德: 那是另外一回事……(笑)……不过,我对旅行箱的确很挑剔……(笑)……我非常留意箱子的大小尺码是否合适。

米切尔: 我也很挑剔,不过,来自你这方面的主要原因恐怕是因为你总要携带那么多衣服,对吧?

萨伊德: 是的,但我不知道这是不是主要原因。我真的说不清是怎么回事,我对织物就是有一种特别的兴趣,当然,我也关心衣服的款式与流行时尚。这一点我从来没变过。而且我还懂得不少——服装样式。追根溯源,我想也许与我和那些蜡像结下的不解之缘有关。在我眼里,那些蜡像栩栩如生,又怪异陌生。我刚刚对绘画艺术产生兴趣时，非常关注作品的神韵。我是指画家在画面上竭力展示的某种质地。比如，我特别欣赏罗丹的画，原因之一是因为我喜欢他描绘的长袍；他画的长袍，其褶痕、密度以及材料，都妙极了。这一切令人回味。

米切尔： 的确如此。我现在开始明白你为什么会对这类东西感兴趣了。我觉得这与你对戈雅的兴趣有关。在戈雅的画中，我们看到，用来包裹身体的织物，甚至包括皮肤，似乎都变成了颜料，顺着身体的构架往下滑。

萨伊德： 的确如此。我的意思是，你也可以把我这种兴趣称作物神崇拜，可是，我觉得有一点很重要，这些东西既不是遥不可及的，也不是什么昂贵的物品。我对珠宝一类的东西毫无兴趣。我是说，在我眼里，珠宝之类的东西毫无意义。装饰——在我生长的文化传统中的装饰艺术——当然也是我感兴趣的东西，但我在装饰方面的品位从没有过变化。我喜欢阿拉伯式的花饰，不是与花有关，就是像花一样，与动物无缘。我为之着迷。我在欣赏音乐时也是如此，总想捕捉那种花朵般的感觉。这也是我为什么特别喜欢复调音乐的原因。声部与声部之间紧密地挨着，形成一个花样，从而避免了单一。我反对崇拜的另一个原因与我的成长过程和我从小生活的环境有关。自从离开巴勒斯坦以后，噢，即便在巴勒斯坦时也一样，我意识到有些地方我不能去，有些东西我不能碰。比如，耶路撒冷，就是一个特别的朝圣之地。在那儿，有些地方允许人进入，有些地方就不允许。我在很小的时候，就有人告诉我，有些教堂我是不能去的，像希腊正教、天主教，或是亚美尼亚的教堂。那儿不欢迎我们这样的人。我懂得了教堂有许多种，有些教堂可以去，有些就不能去。因此，我觉得那些地方很遥远，充满禁忌。在埃及时的情形也不例外。我们在那儿基本上被当做外国人。在家里我们觉得很自在，可一走出家门，情况就不一样了。根据等级，城市被分成不同地区——当时正处于君主统治时期——哪儿是国王的区域,哪儿是贵族的领地,分得一清二楚。我写《东方主义》与我早期的一次经历有关。记得有一家叫格兹拉(Gezira)俱乐部,是一个由英国人建造的外国人聚居的场所,颇有些名气。其中的成员虽然也有本地人,但大多是外国人,我们全家都是该俱乐部的成员。那一次,我正往里走。俱乐部的一位秘书,此人还是我父亲的朋友,他却把我轰了出来。我竭力想和他讲理,可他却说:"难道你不知道这里不欢迎阿拉伯人吗?"我说:"我知道,可我们是这儿的成员。"他说:"别跟我争辩,小孩,快滚出去!"我觉得,我对那些涉及僧侣、物神、宗教仪式、偶像崇拜等事物的反叛,根源在于我对戒规的厌恶。我一向认为我们要冲破戒规和等级划分,铲除禁忌地。我总想闯入那些不欢迎我的地方,也正是这种欲望促使我写了《东方主义》。不过,为了实现我的愿望,通常我得付出巨大的代价。

米切尔:你想给那些黑暗的、遥远的地方带去一些光明和启示?

萨伊德:是的,但也想借此进行嘲讽,让人们看到,那些戒规并不是神赐的,也不是天生的,而是人为建构的。你明白我的意思吗?

米切尔:当然。我在罗马天主教的环境中长大,备受宗教会幕和神圣偶像的约束,怎能不明白?

萨伊德:这也是我为什么一直喜欢维柯的原因。因为,最初我是通过维柯才懂得,人类历史并不是从一开始就有一种神圣的特质。历史像人们建造的一个模型,一个物件,是人为的产物。所以,哲学家或科学家的任务就是以世俗的眼光看透偶像的实质,对每一阶段的历史进行重新审视。也正因为这一点,维柯才特别仰慕弗朗西斯·培根。我记得自己最初接触培根的思想时,是在普林斯顿大学上一二年级。当时,我就被他关于偶像崇拜、原始部落以及洞穴等问题的看法所深深吸引。因此，解构偶像崇拜一直是我重视的一个方面。

米切尔：可在这同时，我觉得你似乎承认自己身上存在着某种狭隘意义上的拜物主义，至少是有这种倾向。只不过你觉得这种拜物主义与上述神秘化的、主导性的拜物主义意识形态不是一回事。

萨伊德：哦，是这样……自从我生病以后，我觉得所有我喜欢的东西——例如，对钢琴音乐的热爱，还有我那架钢琴……你知道的，我不用电脑，而用笔写作，因而我有许多各种各样的笔。我感到，也许明天，所有这些我喜欢的东西都将是可有可无的。我觉得一切都是那么稍纵即逝。很奇怪，我感到自己的生活应验了圣·维克多的休的一段描述——你知道，这段文字我转引了许多次——一位无论走到哪儿都是他乡异客的人反倒可以四处为家，只不过——你知道——他不太喜欢这个世界罢了。

米切尔：不错。

萨伊德：我就有这种感觉。真的，也许是从我生病开始，这种感觉越来越强烈。

米切尔：爱德华，我还有一个问题要问你，这问题有些啰唆，是关于如何协调政治与美学两者关系的问题。你是一位"高度现代主义的唯美主义者"——我觉得这个称号对于你不是一种贬低……（笑）……同时你还是一位坚定的政治活动家。你是如何在这两种身份之间进行协调的？无论是在你的生活中还是在你的论著中，你都灵活地处理了政治与艺术之间的张力，这一点令人惊叹，也是我最佩服的。你如何看待艺术与政治的关系？你一向充分肯定艺术形式的独立性，但同时你又避免将艺术形式简化为政治问题或解释为意识形态。

萨伊德：的确如此。

米切尔：不过，在你所有的批评论著中，你坚持将美学与政治紧紧相连，我想问你，当你回顾这一切时，你有什么感觉？另外，问一个比较个人化的问题：你同时涉及艺术和政治，是否因此感到过矛盾与困惑？或者说，就你的经验而论，这两者是否就是同一件事？

萨伊德：噢，答案肯定不是你说的后一种情况。艺术和政治不是一回事。"困惑"一词倒是准确地描述了我的内心感受。当我发现某种艺术的审美目标与意识形态和它的政治渊源格格不入时，我常常感到困惑。我联想到瓦格纳的例子。从可以预想的任何一个角度看，瓦格纳无疑是个可怕的人物。他毫不掩饰自己的情绪，并且永远反复无常，但这一点与他的音乐毫不沾边，人们很难将这两者进行联系。有一种，一种……你可以称之为神秘的东西，你可以说这两者基本上是不相容的……那种东西真的让人无法理解。我觉得这一点同样存在于其他艺术家、作品以及他们所处的政治背景。另一方面，我认为，若要就瓦格纳或者德拉克洛瓦写点什么，就必须考虑他们所处的政治背景。所以，这很难说清——我在对作品进行再创造或者阐释时，我力争戏剧化地展现各种境况——我是指政治形势、历史背景、文化氛围、意识形态气候——我力争使作品生动有趣，不作简单化处理。我的意思是，在对作品进行重读或者把音乐作品重新搬上舞台或者改编时，我们能更清楚地看到各种境况。因为，在这种情况下，你可以主动干预，从某种特定的角度进行分析，可以强调某些东西。我在阅读简·奥斯丁的小说时，觉得小说对奴隶制度采取的缄默态度表示了一种默许；我的任务不是指责作家本人，而是将这种态度与奥斯丁以后提倡解放奴隶的西印度群岛作家进行联系。将奥斯丁与C. L. R. 詹姆斯作相关性探讨，与殖民主义历史以及奴隶制等因素进行联系，努力去理解历史，理解为什么历史在奥斯丁小说中被阻隔，或者说被挤向了边缘。这就是我努力的目标。这样做并不容易，但却是在批评和分析优秀的艺术作品过程中最有趣的事。

米切尔：我同意你的看法，的确不容易。我觉得很有意思的是，你与所有的人一样，觉得这不是件容易的事，但当你在论述时，很多时候你又显得那样驾轻就熟。我想，我们大家都希望了解你怎么会有如此精湛的技艺。

萨伊德：的确，我认为这并不容易。但我不觉得存在着什么特别的办法或秘方。没有什么窍门或规则可寻，只有一个基本认识：优秀的艺术品绝对不是纯粹的、简单的意识形态口号。

米切尔：是的。

萨伊德：同样，没有一种纯粹的、简单的意识形态口号可以成为优秀的艺术作品。我是说很难成为优秀的艺术作品。正如萨特在形容保罗·瓦勒里时所说的：保罗·瓦勒里是名小资产阶级分子，但是，并不是每个小资产阶级分子都是瓦勒里。

米切尔：（笑）

萨伊德：牢记这一认识是有益的。我觉得还有一点，也许是最有趣的一点，我们要承认，协调艺术与政治之间特殊的不相容性，这也是我们感受快乐的途径；在这个过程中，我们感受到一种源于这一行为本身的满足感。这也解释了我为什么如此喜欢阿多诺的著作，而对黑格尔的哲学传统总是心存疑虑。在黑格尔高度综合的演绎中，总有一些矛盾和不相容的亚前提，而我根本就不相信那种综合。因此，我们还必须具有一定的怀疑精神……

米切尔：还要愿意站在很不牢靠的论点上说话……

萨伊德：哦，绝对应该。

米切尔：这使我想起走钢丝的比喻……凭你的本事，你不怕摔下来……

萨伊德：我是在钢丝上行走。我还喜欢另外一个比喻，像杂技团里用细杆转碟子的演员，他必须不断转动，不然，碟子就会掉下来……你想想，手上有那么多碟子，而且随时都有掉下来的危险。我是说,如果这不是我们现在从事的工作,那么,我们究竟在干什么呢?

米切尔:(笑)也许是摔碎碟子,弄得满地碎片。

萨伊德:顺便问一句,我们的谈话结束了吗?

米切尔:还没有。我还想顺着刚才精彩的讨论再深入一步,就艺术和政治作进一步的讨论。如果我们不能对艺术和政治的关系作出协调,或者在处理两者关系时失之偏颇,那么,我们对艺术和政治特质的欣赏和理解都会简单化,是吗?显而易见,如果把艺术简化为意识形态,那就太乏味了。

萨伊德:是这样。

米切尔:不过,我在考虑问题的另一面。假如政治就是政治,或者说是一种仅仅用于生产权力的技艺,那么,为了使政治成为真正的政治,政治在何种程度上用得着你说的那种审美情感和形式主义?

萨伊德:这个问题问得好。在理论论述中,福柯陷入了理论的僵局,而且最后也没有走出来,所以只好转向有关主体性、自我关怀以及其他一些问题的讨论。在我看来,这没有太大意思。要走出理论误区,必须避免将政治看成只是生产/削弱权力的过程;政治构成了复杂而丰富的历史经验。而这一点在大多数政治科学家和辩论家的著作里都没有得到展示。这也是为什么我亲和于那些陈述失败和被驱逐的政治,而疏离于胜利和愿望实现的政治。几年前,我写了一篇很长的文章探讨失败的原因。我们完全可以从这个角度去理解政治。我的意思是,比如,可以读一读E. P. 汤姆森的《英国工人阶级的诞生》。这本书在讲述失败史的同时,揭示了一段生动的、令人肃然起敬的历史经历,而这种经历既没有发展成议会,也不一定被历史学家载入史册。可见,政治远远不只是为了争取权力。政治是为了实现愿望,为了得到认可,为了改善处境,为了赢得解放。这些都是我的兴趣所在。

我对那些密谋颠覆的人毫无兴趣。我指的是那些持布朗基主义政治观点的人。不过，建立国家政权——这些政权通常被颠覆、堕落，至少就我对第三世界政治的认识来看是这样——然后重新建立起关于人类解放、启蒙和群体的理想——我认为这个过程就是政治的最终目的和全部内容。不用说，美学在这个过程中承担了一个非常重要的角色。美学的任务不是对政治进行阐释，而是与政治一起成为奋斗目标的一个部分。

米切尔：这也是美学实践的中心任务。

萨伊德：我意在强调，这就是我感兴趣的政治。

米切尔：你的话让我想起威廉·布莱克为那位艺术家和预言家取的名字。你记得那个人物的名字吗？他叫"Los"。

萨伊德：哦，"Los。"是的，太棒了。把这个词倒过来读，就是"Sol"。

米切尔：是那种传统的、具有阿波罗气质特性的艺术家，他高高在上……

萨伊德：不，不是高高在上。我是说，我不相信会有人站在上面。

米切尔：说得好。你与布莱克描绘的那位预言家 Los 站在一起，在地下室里从下往上看。

（王丽亚　译）

弗雷德里克·詹姆逊访谈录

2000年夏天,王逢振趁詹姆逊在纽黑文老家休假之际,通过传真和电子邮件的方式,与詹姆逊进行了一次访谈。王提出书面问题,他以录音方式作答。访谈的录音由他的秘书朱安整理的,后经过他本人修订。

——王逢振

问:许多批评家指出,正如现代性不同于现代主义一样,后现代性也不同于后现代主义。是否我们可以说,现代性和后现代性是更广泛的概念,近似于通常所说的时代精神或一种弥漫的情绪,而现代主义和后现代主义指的是表现的风格或特定的原则?可是,按照您的看法,后现代主义并不指具体的风格特征,而是指晚期资本主义的文化逻辑,或者阿尔都塞所说的生产方式。这似乎与上面所说的现代性与现代主义、后现代性与后现代主义之间的差别相矛盾。你如何限定这些术语之间的关系?

答:这是一个很中肯的问题,但我认为那种混淆取决于文化对美学的同化。当我说我不想把我的后现代主义概念限定为风格特征时,我只是想表明在建筑中被称为后现代的某些当代类型艺术的一些特征——例如色彩,古典类比的运用,以及人们在麦克尔·格雷夫的作品中所发现的那种总的装饰精神。然而,这种后现代的风格确实是唯一可能表明后现代主义是一种潜在的文化逻辑的形式。所以我想通过那种特征指出某种比任何经验层面上的风格更深刻的东西，或者比个人作品的生产及其历史的语言更深刻的东西。现在，在那一方面，如果后现代主义表征整个文化，那么你们可以说，后现代性就是类似其基础的某种东西，即新时期技术的、社会的、经济的特殊性。简言之，人们可以说，后现代性是新的传播技术的领域，是新技术在世界上所激活的一切事物的领域，包括商业生产和其余的一切。因此在我看来，有一个进行这种区分的地方，而这种区分也是人们对现代主义和现代性所做的同样的区分。

问：后现代主义与现代性是不可兼容还是可以在同一时间段内共存？当哈贝马斯重新把现代性说成是一个未完成的计划时，似乎特别与非西方国家相关。正如特里·伊格尔顿不久前所说，关于现代性与后现代性之间的争论在非西方文化中至关重要，这些文化被拉进后现代西方的轨道，但本身却还没有充分经历欧洲式的现代性。在《时间的种子》里，您对公民社会的形成和衰微做了类似的评论。另外世界上还有一些事实：虽然后现代主义在西方是支配性的文化逻辑，虽然多国资本以后现代的意识形态和生产方式日益渗透到先前的第三世界，但后现代主义在大多数周边国家尚未变成主要的生产方式。是否我们可以说那些文化更接近现代性，或者更迫切地需要现代性？是否世界只允许一种现代性？通过与西方现代性和后现代性的接触和对抗的催化，以前的第三世界国家能否获得非西方形式的现代性？

答：诚然，有一种看法认为，后现代性是现代性的一个阶段，但若是如此，它就是一种通过断裂和差异的继续，而不是通过一种不断发展的同一性和进化的继续。我曾说过，现代性是未完成的现代化的社会状态，而后现代性对应于其现代化趋于完成。我们可以通过考虑农业和传统的农民从更简单的方面来理解这点。不论在什么地方，只要伴随着工业资本主义的因素有传统的农民存在，尤其还是人口的多数时，我想人们就仍然处于类似现代性的事物之中。后现代性的特点是整个国家生产中农业份额的减少，传统的农民转变为农场工人，当然这些发展也伴随着与化肥、遗传学等相关的各种技术的发展。在这种意义上，显然中国是个现代社会而非后现代社会，而且可能还应该加上在一些更纯粹的农民和农业领域里残存的前现代的现象。这里的关键是，这些不是排他的范畴，不是像一些小盒子或隔间那样可以把整个农村置入其中；应该说，它们是一些历史地交叠的范畴。它们可以共存，而且肯定有些现代国家在城市里有一种薄的后现代性的层面，在这种城市里，电脑和各种现代技术及商业方式同时存在。但无论如何，我认为人们可以分辨出什么是支配性的特征。

我想补充的是，现代性的口号在我看来是个错误的口号。我认为它产生于某种意识形态的境遇，其中资产阶级关于进步、现代化、工业发展，以及诸如此类事物的看法，最终一无所获，而且社会主义的观念也从中消失。在这种境遇里，全球资本主义为其卫星国提供的一切，只不过是那种旧的现代性的概念，仿佛所有那些国家长期以来一直都不是现代的，而在这种轻蔑的意义上成为现代国家好像会带来什么附加的利益。当哈贝马斯谈及未完成的现代性的设想时，我想他考虑的是民主、社会自由和诸如此类的那些因素，这些是资产阶级设想中的乌托邦因素，从未真正得以实现。当然，人们可以继续使用他的语言。在那种意义上，现代性变成了一个乌托邦问题，但这不是我使用它的方式。

问：虽然每个国家从过去到现在、从旧到新都有自己的发展轨迹，虽然每个民族都有自己独特的现代性的条件，但为什么从开始到现在一直都根据西方的历史来限定现代性呢？

答：我真的不认为每个国家有它自己独特的现代性的条件。这就像说世界上每个国家都能发明一种新型汽车，一种新型电影，一种新型电脑，等等。可以肯定地说的是，文化的起点不同，存在着产生现代性的特殊的地域环境，因此人们付出的努力不同。但我想强调的是世界各国正变得相似或标准化的方式，而不是赞颂这些文化差异的方式。人们还可以证明，文化差异不论有多么深刻的社会基础，现在也正在变成平面化的，正在转变成一些形象或幻象，而那种深厚的传统不论是否曾经存在，今天也不再以那种形式存在，而是成了一种现时的发明。人们可以因此而谴责传媒，但它确实看来就是后现代性的一种逻辑，是它内部深层历史的消解。

问：您是否可以谈谈中国与现代性的关系？一般认为，如果中国尚未充分经历西方式的现代性，那么您如何界定中国1919年以后的时期，或至少从1949年中国出现社会主义以来的时期？社会主义是现代性的一个方面么？毛泽东主席是不是个现代主义者？

答：人们可以说，社会主义或共产主义就是现代主义，但在那种情况下，人们必须看看是否自己能想象一种后现代的社会主义或共产主义。中国显然已经经历了一个极其快速的变革过程，因此这些是中国人将不得不为自己回答的问题。我的感觉是，最近中国历史的突破太不寻常，毛的时代仿佛像五四运动一样成为遥远的过去，中国的某些部分——城市部分——正处于迅速变成后现代的过程，尤其在后现代性意味着历史或历史感或历史性消失的那种意义上。

问：为什么革命总是以悲剧为结局？为什么所有的革命都未能达到它们的目标？我们是否还需要革命？我们应该如何评价革命？我们可否说革命的失败同它的成功一样促进了历史的进步？

答：人们可以坚持认为所有以前的革命都失败了，也可以坚持认为这些革命依次以这种或那种方式不可挽回地改变了世界。我不认为人们应该过于集中考虑过去的革命，因为今天我们作为个人的真正任务是在我们所处的独特的、不同的环境条件下，想象将来的革命会采取什么样的新的形式,但是革命毕竟是表示激进社会变革的一个词,如果人们期望这样一种事情或认为它非常重要,那么我想他们就很难放弃革命这个词,尽管在某些情况下出于策略用别的词代替它也许是明智之举。革命失败是因为反革命的强大力量大大超过了那些进行这些实验的地方,最后使这些地方改变了性质并征服了它们。华勒斯坦曾经指出,在一个特定时期,地球上只能有一种世界制度,因此我们过去认为是一种替代的制度其实只是一种反霸权统治的冲动。任何革命都还没有强大到单凭自身就足以使它变成一种制度的地步。另一方面,马克思坚持认为,革命不是人民因理性思考而决定要做的事情,革命变革的准备在于社会经济进程本身的深层基础。真正使革命在其可能时刻出现的是历史,虽然非常明显的是,人民自己必须意识到那些可能性并主动选择它们。

问:理论是否可以翻译?我们的意思是,理论是否具有普遍的适用性?如果理论不可翻译,不同文化的人们之间何以能互相理解和交流?如果理论可以从一种历史现实转换到另一种历史现实,就像意义可以从一种语言转换到另一种语言那样,那么为什么当某个民族把引进的理论运用于他们自己的历史时,要么强行破坏历史以适应理论,要么强行破坏理论以适应历史?

答:理论是否能够翻译?非常清楚,若要理论有跨越国界的兴趣,必须先有某种文化和思想境遇的共同性。如果你们像我一样,相信后期资本主义和全球化进程使那些境遇不断趋同,逐渐倾向于使所有国家面对一种相似的境遇,那么在我看来,即使理论不可绝对从一个地方转移到另一个地方,至少它肯定是可以翻译的。实际上,这个问题本身就是个理论问题。在一种全球性的境遇中,我们都关心理论的翻译性这一事实表明,我们已经在运用理论,已经在跨越国界分享这些理论的条件。非常清楚,理论是由问题和争论构成的,而不是由地域性的解决构成的。那些理论确实通过翻译而常常被修改,法国理论到达美国后被修改了,美国理论到达中国后也被修改了。某种世界性的阶级斗争可以在理论里表现出来,理论也可以成为知识分子突出其民族差别并为之斗争的场所,我不否认这些,理论仍然是这种情况发生的地方。

问:在当前的文化研究里,意识形态是个关键的术语。自从阿尔都塞和威廉斯以来,它已经被作为不同于传统马克思主义的限定。意识形态不再用于表示一套人们可能屈从或超越的错误观念;它无处不在,到处蔓延,作为社会物质生产进程的组成部分(威廉斯的观点),意识形态成了文化的一个主要成分,而且,作为对历史这种不在场的事业的再度分化(阿尔都塞的观点),意识形态成了对不可再现的历史的一种认知的测绘。这里的问题是,意识形态何时变成了一种不可逃避的牢房?在阶级社会里是否一切真理都是意识形态的?历史绝对拒绝再现的看法本身不也是一种意识形态么?如果是,对于先于意识形态的历史我们使用什么术语呢?就意识形态的政治或争论而言,我们用什么标准来判断一种意识形态优于另一种,或者比另一种更忠实于历史?

答:意识形态的问题是个大问题,我这里不可能详细回答。我自己的看法是,有两种谈论意识形态的方式——一种肯定,一种否定——而对意识形态概念的有效运用则需要对两种方式都加以考虑,而且很可能需要同时考虑。否定的意识形态理论是错误的意识:我想我们都知道这点;我只想说的是,在21世纪的进程中,虽然很多时间试图取消意识形态的概念,把它作为错误的意识,并试图用一种更微妙复杂的模式取而代之,但我认为在我们这个时代,在里根主义之后,显然又重新出现了一种庸俗马克思主义的错误意识的概念,最明显的物质动机在政治计划和新闻报道中发生着作用,而这种意识形态的错误意识在我们这个时期非常活跃和流行。从另一种观点出发,即肯定的方式,人们也可以说意识形态是任何群体行动所依赖的理论。在那种意义上，它是一种肯定的东西。因此，在美国，由新批评派（许多是现代主义诗人）与这个国家现代主义诗歌的伟大时代相联系而发明的现代主义概念，正好就成了这样一种肯定的意识形态。这是一种群体理论，它确证那个群体的行为合乎道理。如果你的群体与那个特定群体的立场相对，你就会认为这种理论是否定的，就像当时以及后来作家和批评家所做的那样。但是，当你把意识形态理解为一种理论和实践的必要成分和一个生产阶段时，你就只能欣赏这种意识形态积极的、充满活力的性质。然而，包括作家在内有多少群体在这个社会里是积极的？我们又有多少机会以那些肯定的方式来理解意识形态？你们问题的其余部分表明，现在存在着多种意识形态，我同意你们的看法。正如我在其他地方说过的，在考虑历史判断时，我只有要求辩证的矛盾心理。如果后现代性是资本的一个必然阶段，我想以道德化的方式来对它判断是徒劳无益的，相反，我们再次需要从它内部那些生产性的因素来审视它。所以，虽然否定的意识形态判断肯定有一席之地，但这种运作也需要政治和社会的分析，需要对我们未来至关重要的事物有一种积极的意识。

问：正如后现代主义被宣称是历史的终结一样，它也是个"意识形态终结"的世界。但是按照特里·伊格尔顿的看法，这当然只对后现代的理论家才真实。对美国的福音派信徒，对埃及的原教旨主义者，对反爱尔兰自治者的英国人或英国的法西斯分子，这很难说是真实的。虽然有些意识形态可能已经破产（如新斯大林主义），但仍有一些不断蔓延（尤其是种族主义、新殖民主义、自由市场竞争等）。请问，你如何考虑这种不寻常的反讽：在一个由强有力的意识形态控制的世界上，知识分子却断言意识形态政党已经过时？如果权力、欲望和局部利益是现实的实质，那么为什么谈到意识形态时仿佛有某种超越它们的东西，仿佛它们总是可以改变的?

答：对，我同意历史的终结和意识形态的终结确实只是过渡阶段。虽然我要说，更重要的是历史性的终结这一概念——伴随着可能是集体行动感的衰减，出现了历史感的衰减，因此也出现了信仰的衰减，不再那么相信曾经支配政治舞台的旧的社会意识形态。对于那种弱点，我想我们应该尽量从社会的、政治的、历史的观点来审视，而不是从这些相当愚蠢的主张的经验主义的真理来审视。

问：是否可以说，不论明确还是含蓄，有意识还是无意识，任何理论化的行为都包含总体化行为？如果理论化总是包含总体化，那么是否可以说，总体化是一种"原罪"，非总体化不是不加区别地取消总体化，而是解构某种目标话语的总体化，在建构自己的论点和叙述中重新引入总体化？如果总体化本身不可避免，那么了解总体化服务的对象，了解它所压制和破坏的事物，是不是更恰当、更合政治逻辑？我们是否可以说，总体化本身没有任何错误，错的是它被用于什么目的？

答：我一向不理解总体化这个术语何以被否定地加以运用，也不理解为什么会对它进行各种讽刺谩骂。让我来谈谈我是如何理解总体化的。首先，它是一个哲学术语，萨特在《辩证理性批判》里最先提出，用以描述实践是人类现实改变世界的一种方式。那是一种相对局限的和技巧的用法。我不认为它是萨特更好的创见之一，但它肯定与这种奇怪的概念怪物无关，尽管在这个问题里批判的客体到处都有所反映。我想说的是，今天总体化的主要力量是晚期资本主义。正如马克思曾经表明的，这是一种制度，它必然扩展或毁灭。它处于市场、生产、技术以及其余一切的不断扩展状态，我们所称的全球化只不过是那种扩展的最近的形式。非常确切地说这就是一种总体化。这个词并不包含资本主义是一种总体性，而是说明它是一个扩展的过程。我们过去常常用帝国主义一词表示它的某些特征,但现在它似乎不再那么适用,甚至在科索沃战争期间也是如此,因为我们根本不知道从对南斯拉夫的轰炸中赢得多少经济利益。然而可以肯定的是,人人都可以看到全世界经济扩张的过程。就此而言,我不知道为什么人们不可以使用总体化这个词,为什么竟不敢对这种扩张进行批判。我确实认为,它是一个产生标准化的过程——某种令人哀伤的事情。它也有肯定的特征,无论如何,这种扩张是人们必须以某种方式与之妥协的东西,即使只是为了看看它内部隐含的新的可能性;但是,那种说批判它就是错误的看法,我认为不是一种应该谴责的看法,就是一种天真的看法。

问:您可以谈谈性别、种族和阶级的关系吗?

答:关于性别和种族作为历史和政治的要素的新的意识,不论在政治上还是在理论上无疑都非常重要。我倾向于认为,围绕这些现象组织的政治运动,如女权主义和黑人运动,已经开始表明社会阶级再次变得像以前一样重要,而在种族和性别讨论中最缺少的则是社会阶级。这三个因素,至少在美国,应该说在我们的政治和社会现实里总是存在,因此人们不可能将它们分开。自从60年代以来,性别和种族理论所表现的倒退,恰恰是那些理论似乎以这些其他的决定因素取代了社会阶级的原动力量,但社会阶级并没有消失,而且在当前的政治动向里,随着绝大多数美国公众的日益贫困化和很少数人的极其富有而出现的两极分化,毫无疑问阶级必然会作为一种生活现实而再度活跃起来。

问:由于世界历史的不平衡发展,东西方或第一世界和第三世界之间仍然存在着巨大的差别和不同。从前的殖民地国家和半殖民地国家似乎在意识形态和文化上仍然次于西方。简言之,西方正在重新征服东方或第三世界,但这次不是诉诸武力,而是通过跨国资本、西方的技术以及从前的第三世界国家自己对西方文化的赞同或不加批判地接受。在这种变化了形式的帝国主义之下,是否可以说我们生活在一个后殖民的时代?人们如何使后殖民与新帝国主义的一些事实统一起来?

答:我同意这种对第一世界和第三世界关系的判断。正如我前面的回答已经暗示过的那样,我认为全球化绝对是一个扩张的过程,但与旧的帝国主义扩张属于完全不同的类型。我想后殖民这个词的所有含义是这样一种看法:人们不再根据以前的殖民化和帝国主义结构来分析第三世界国家,而必须以一种适合它们的方式来面对当代的社会现实。因此人们倾向于认为,今天后殖民国家的问题不是殖民主义精英或帝国主义占领军的问题,而是经济制度的问题,是这种制度对先前民族相对独立的地区可能做些什么的问题,例如印度或者新形式的商业已经完全破坏了自足的农业社会的地区。就再现而言,你不可能用再现占领军或殖民当局的相同方式再现多国公司或跨国公司以及它们各种重要的政治团体,如国际货币基金组织等。由于同样的原因,人们也不再以同样的方式意识到这些敌人。它们不是具有人性特点的实体。它们必须以新的方式来考虑,而正是这个问题限制了对我们一直讨论的那种扩张的危险的政治意识。

问:在新葛兰西主义的文化政治里,知识分子的作用是什么?在知识分子与学者之间是否有重大区别?如果一个人深知自己学科的学术规则,并证明在该学科的知识、分析和写作方面颇有成就,那么他似乎就是一个合格的学者;但是,除非一个人对知识和文化有更强烈的正义感和责任感,对社会生活作出批判的反应,否则他就不能被视为是合格的知识分子。一个人该如何做才能同时成为学者和知识分子?如果有许多学者不具备上述那些知识分子的品质,你认为这种失误的原因是什么?是否既有个人的原因又有机制的原因?

答:当然,知识分子的地位部分地是由大学的机制结构造成的,是由公共领域发生的事件造成的,也是由迄今独立的报纸以及支配我们传播方式的大量的金钱等状况造成的。在这些实际是国际垄断的传媒的条件下，旧的公共领域几乎不复存在，我看不出为什么知识分子由于能够克服这些经济生活的事实而应受谴责。诚然，正如你们的另一个问题所表明的（该问题詹姆逊未答——译注），众多大学也受到攻击。但由于人文学科在大学里是最少获利的部分，因此随着当前科学和社会科学的发展，它们很可能也是最后被公司化或私有化的部分。所以，作为教师我们仍然可以对广大公众和新的一代产生影响，但我认为想象或幻想具有全球影响的情境在政治上永远是一个错误。人们在一系列各不相同的层次上进行政治活动，每个层次都有其局部的影响，或者没有影响，但甚至在一种他们缺少各种接触媒体途径的情境里，我也看不出为什么知识分子不应该产生影响。事实上，在一个商业社会里，在一个像美国这样的反知识分子的环境里，我认为维护知识分子的地位非常重要。我们知识分子作为严厉的批评家和否定的媒介的形象，基本上源于法国传统。我们并非总能达到那种标准，但我觉得十分重要的是保持其前瞻的活力。

问：特里·伊格尔顿曾说，相信普遍价值的可能性虽然不错，但允许普遍价值繁荣的那种物质条件尚未形成。你对此作何反应？如果你同意伊格尔顿的观点，你能否勾勒一下促成普遍价值的物质条件？

答：我不知道伊格尔顿是在什么样的语境里说那番话的。我自己觉得我们的任务仍然是意识形态的批判，包括那些普遍价值。在我看来，谈论普遍价值总是使讨论非历史化，而这是我们今天最不需要的东西。此外，我认为全世界的文化差异直接说明了普遍价值非常令人怀疑，至少会断送我们都可能介入其中的一些十分有意义的争论。如果这意味着像是反对死刑那样的经验主义的事物，那我完全赞同。如果这意味着人人都有争取幸福的权利那样伟大的事物，我也完全赞同。但是，我认为更有效的是列出社会期望的价值，就是说，普遍的就业、义务教育、公费医疗，以及诸如此类的事物。其余的东西可以随它自己。

问：我们想花些时间讨论民族主义和国际主义。辩证地看，民族主义和国际主义本质上并不是固定的。在某些历史时刻，民族主义是进步的话语，但在另一些时刻，它被用作国家或宗教意识形态的一个部分。同样的相对性对国际主义也适用。它可以指国际的交流、对话和理解的过程，也可以指跨国资本的逻辑。在什么情形下，民族主义和国际主义是解放性的，政治上是正确的？在什么条件下这些话语是压迫性的、反动的？

答：民族主义的问题一向混乱，浑浊不清。我认为民族主义可以是一种肯定的或乌托邦的力量，就像本尼第克特·安德森所描述的那样，但条件是它仍然是一种反抗的运动。在全球化的世界上，在一个美国称霸的世界上，最有成效的是与社会革命相联系。因此民族主义至少有推进自治甚或分离（萨米尔·阿明语）的肯定的作用。当民族主义互相支持时，人们会有一种更清醒的观点，正如最近几年我们在许多实例中所见到的那样。这里我想说，斯拉沃·齐泽克对不同群体身份或民族主义彼此之间关系的分析非常有启示意义。最后，在我看来，集体计划——如果有的话——最终都受到民族主义限制的阻碍，因此最好为一种社会变革的计划开发那些力量，而不是像过去那样普遍反对社会变革。

问：在分析审美效果时，你提出对世界形势的"认知的测绘"：民族—国家继续其非同步的存在；世界不同地区的电影在征像上带有各自的立场倾向。通过将世界上一系列文化的观点相结合，你获得了一种更大的世界制度的总体感，并指出了形成关系研究的原因："对第三世界文化的研究必然使我们对自己产生一种来自外部的新的看法，只要在整个世界资本主义制度内我们自己是正在有力地发生作用的构成的力量（也许不完全知道）。"你是否在寻求某种超越"欧洲中心主义"的东西？是否在揭示反第一世界主义的一些特点？随着全球经济的扩展，在什么意义上"认知的测绘"对理解民族主义的"奇怪的不合时宜"仍然是一种重要的方式。

答：按照我的概括，认知的测绘肯定包含对民族境遇和国家竞争对手的注意，但这里的问题是，人们要测绘的是一种关系系统而不是孤立的现象。因此，在存在民族国家制度的时期，似乎这可能成了某种认知测绘的范围。我认为你们提到的意识形态，欧洲中心主义或反第一世界主义，在面对新的全球化条件已经完全过时，实际上我所考虑的恰恰是全球化的情况，因此我创造了这样的口号：如何考虑它，如何想象它，如何从政治上意识到它，如何再现它——这些也许是任何认知测绘的四个方面——或者说一种概念，一种日常生活的意识形态的形象，一种正在提高或正变得明确的对现象的政治意识，并最后在可能存在或必须创造的情境中寻求再现的方式。于是，在这里，按照这样一种扩展了的认知测绘的概念，人们会发现对一种经济类型的理论认识，对集体主体性的种种分析，对政治行为的质疑，以及对美学的再现的问题。我想只有把这个概念扩展到那种程度才有意义，而且只有它得到理解，它才成为一个问题和一种责任，由于我们周围的世界最近几年已经发展，今天我们确切理解这个世界的困难使那个问题和那种责任显得更加迫切了。

访谈弗兰克·兰垂奇亚[①]

奥哈拉：我想就你新书的标题《黑夜的危机》开始我的提问。

兰垂奇亚：《黑夜的危机》并不是我的初衷。最初的标题是《回忆与其他犯罪》，唐·德利罗则认为更好的标题也许已经出现在书中，即《黑夜的危机》。我认真考虑之后，肯定了他说的正确。我喜欢这个标题的风格。它是一出以家庭问题为题材的电视连续剧（肥皂剧）的标题，我的祖父母，就是我父亲的双亲，过去一直喜欢观看这出肥皂剧。许多年以前的一个下午，我在迈阿密就曾看到他们观看这出剧。于是这个标题成为我书中的一个片断。我喜欢这个标题，它能让我回想起祖父母。就我所能告诉你的，我很明确地认为，这个标题恰如其分地反映出这本书的风格，而且由于它是一出肥皂剧的标题，所以勾起我的许多回忆……有许多要了解和提及的电影、戏剧、演员和表演，还有表达各种声音的一种活力，并且……

奥哈拉：还要有表演特性。

兰垂奇亚：没错，是表演特性，我希望它不是自我意识写作意义上的那种自我意识，而是艾略特所说的意义上的自我意识。

[①] 弗兰克·兰垂奇亚于1993年7月6日接受了丹尼尔·奥哈拉和唐纳德·皮斯的采访，此次采访起因于兰垂奇亚出版了他的新作《黑夜的危机》，即《忏悔》（纽约：朗多姆出版社1994年版）。

我在书中一个章节里引用了艾略特说的话。他说：现在戏剧极少上演真正体现生活的表演，最优秀的，也是戏剧所迷失的，他认为是这样一种表演：它存在于生活之中，也存在于莎士比亚戏剧中，那是当你表演的时候，一种身临其境的表演感觉。他说：这总是伴随着一种幽默感，把幽默感从表演意识和表演感觉中区分出来，是很难做到的。无论如何，所有这一切，都给予这本书的意识与风格以一种表演特性。我希望它具有戏剧性。我喜欢戏剧，它充满了情趣。

奥哈拉：针对这部作品属于何种文体，请发表一下你的观点？

兰垂奇亚：这是一个最难回答的问题。顺便提一下，这就是为什么这本书最初没有副标题的缘故。现在，出于销售的目的，加了副标题《忏悔》，主要是满足书店经理们的要求。因此应该称它是非虚构作品。我的意思是，我认为它是非虚构作品。如果说他是非小说作品，我们就可以这样确定下来。然而，在这之后，还是很难说的。书的开始大体属于散文文体，但我很早就发现，对于散文来说是没有真正的规则或界限的。据我在大学所知道的，散文是一种相当压缩篇幅的文体，然而形式上却非常开放。它包容奇特的想象，包容叙述、逸事、对话、独白、短剧、小小说等。你知道，如果你愿意使它开放，有什么它不能包容呢？但是，首先，这不是我原先酝酿的那种独特的风格。这不是我曾经对自己说过的那样。让我们看看是否我真能打破那些规则。在这种写作里，正是因为这种方式适合我，大概我才专门采用这样的方式。也许我不写批评。作为评论家，我还负有另一项义务，这项义务就是配合剑桥大学目前已在编写的现代爱尔兰文学，为其中的一卷撰写一篇有关叶芝的长篇评论。因此我必须要做这项工作，而且我也确实想做。这不是令人讨厌的工作，我认为承担这项工作将是令人愉快的。

奥哈拉：你是否想说说为什么你觉得你不想再从事文学批评？

兰垂奇亚：我喜欢打擦边球，并喜欢把各种方法混合。在这部新作中，我想写什么就写什么；凡是我觉得我需要逐页写的东西，我就去写，这样做我会有许多乐趣，因此一旦我觉得有写×的冲动，我就写×，毫不担心这样做的结果如何，也不担心是否合适或类似的东西。

皮斯：是否可以谈谈你写这部新作的方法，以及你在别处提到要完成的那份现代主义手稿的"没完没了的任务"？

兰垂奇亚：可以。

皮斯：你几乎在完成《黑夜的危机》的同时，写完了那部手稿。有一种你在《现代主义四重奏》里无法表达的方式，在《黑夜的危机》中表达了出来。还有另外一种方式，你也用来确立一种与你的家庭、移民经历的关系，以及与经济条件的关系，这种关系斯蒂文斯未能表达，而艾略特作了表达，但其方式却是错误的；所有你的感受都是整个现代主义计划未完成的和不确定的方面。是否有这样一种方式，一种完成学术著作的责任使你产生出另一种创作的责任感，另一种方式……

兰垂奇亚：……我不知道……

皮斯：……与你本人、你的家庭以及你的写作有关吗？

兰垂奇亚：这确实是关于《黑夜的危机》起源的问题，也许我在书里有一部分是说，那本论现代主义的著作对我来说是一种难忍的可怕的痛苦。多年来我一直回避它。你知道，实际上它是从1984年年中开始的。因此已经有很长时间了。我从未花那么长时间来写一本书，而且由于多种原因，它还带来了很多麻烦。也许我想部分地摆脱那些麻烦，但就我所知，激起我写《黑夜的危机》的冲动始于1991年年初，事实上大概是在我去达特默斯演讲的时候，那次我讲的是埃兹拉·庞德，包括关于

《诗章》的资料。我可以告诉你我那时的感受,我的冲动是什么,当时我只想能够坐下来,通过写作,揭开自己身上虚假的面纱。我的意思是,我想坦率而真诚地触及自己身上的一些事情。可能我根本不应该对公众讲这件事,也许我们得把它从录音带中抹掉,因为这的确会给我招致各种批评,人们在这本书中会发现所有那些骗人的东西。自然,他们会发现的,然而那就是我当时的冲动:写些我自己觉得毫无约束的东西,无论给自己或他人会带来什么样的代价。我尽量不伤害我谈到的那些人。书里有些是真人真事,这也是小说和非小说的区别之一。我在写这本新书的开始,就决定在写作中大声问自己:什么是小说和非小说的区别?我能想到的区别是,小说中的人物不会在文本之外死去。这一点我们是可以确定的。但我写的人会在我的文本之外死去。确实,进入《黑夜的危机》的真实人在某种意义上被变成了书中的人物。我知道他们在我的写作过程中可能在我的笔下死去。我想在《黑夜的危机》里我没有伤害任何人。我希望没有。但是否如此要其他人自己去说。我尽量不伤害任何人。

奥哈拉:我注意你曾说过你想达到一种境界,以这种境界,你能够完全无拘无束地写作。你为什么对你的境遇会有这样的感觉?

兰垂奇亚:噢,我认为,文艺批评、文学史或学术研究是世界上最难写的东西。我不妨就此来谈谈。我不想再写文学批评的原因,可能是因为它变得对我太难了。自从六十年代中期以来,我一直从事文学批评,所以我也许有某种权利对它感到厌倦或胆怯。我并不是说写其他东西就容易。但是,在你坐下来写庞德或惠特曼或华莱士·斯蒂文斯之前,如果你富于责任感,你就必须读大量的资料来理解他们,你必须做笔记,然后你还要求索那些你没有读过但对这些资料有影响的资料,如果你是一位敬业的学者,你要读上百本其他的著作,作为一个文学学者和批评家,永远会有欠缺不足的感觉。这实在是太困难了，确实，这样做时，我总觉得像一种欺骗。我想我们都有这种感觉。我认为，在批评家和学者当中，人人都觉得自己的知识不足。因此我极其尊重这种写作。我只是被清扫了出来。所以，一方面是它太难；另一方面，不论其他什么样的批评，无非都是试图向别人解释某种东西。我的意思是，如果不是介入批评和学术，我不知道我们为什么那样做。你力图向别人解释关于这个作家和这个作家语境中你觉得真实的东西。你是在提供某种服务。你不应写出你自己的难题，即使你也许想写。

你不应该写你自己的欲望、冲动或想象，即使我确信在我们的主体选择中，我们实际上说我写的这些人物是我自己的人物。大多数时间，坚持写作的人可能是在呈现某种潜在的、深层次的东西，亦即某种自我的人物。然而，实际上你仍然要对其他人的作品负责。那是一种重大的责任。你会使自己置身事外，我想你会努力使自己在一定程度上置身事外。

奥哈拉：你也要对自己负责？

兰垂奇亚：对我的作品、我的声音、我的想象，我想尽可能不要有任何约束。

皮斯：但是，有些人物你要对他们承担责任。例如，在那篇精彩的论庞德的文章的结尾，你谈到了爱德华兹先生，他是出现在《诗章》中的一个人物，但他却不会读诗，而他又是庞德关注人性的一个深刻的组成部分。在《黑夜的危机》里，出于一些相关的理由，似乎既非常可能又非常必要引进你的祖父母奥古斯托和托马索……

兰垂奇亚：……也是不能读《诗章》的人……

皮斯：……他们是不能读懂《诗章》的人，但在某种意义上，至少就奥古斯托来说，他会写出必须解释的东西——即使只为你一个人而写——至少是为你自己写的，因为他的人物形象是你自己的一部分，在任何人的批评中，在任何人的文学史中，显然不可能是别的什么。同时，按照学术界的理解，你似乎在使自己摆脱对文学史的任何责任。你好像承担着另外的责任：使本来不会被人注意的人物引人注目，而且会变成学术关系体系的组成部分——姑且这么说吧。

奥哈拉："关系密切的媒体"，弗兰克，正如你在《黑夜的危机》里说的那样。

兰垂奇亚：我认为，我祖父那一辈人，例如我喜爱的某些作家，是同一家族的组成部分。你们二人一定能从这本现代主义著作和我的新作之间感到一种真正的连续性。但我确信，朗多姆出版社在期望许多没有读过批评的人会读这本书——更具体地说，去购买这本书。但我不知道他们会如何读它。噢，对他们如何读它我还确实有点感觉。你们二人会感到这部作品的连续性以及它与某些哲学命题的关系，而这些命题则来自文学和文学批评。很可能你们会感受到这点。

奥哈拉：整个关于自我的问题，关于自我是否产生于写作行为而且本质上只能产生于写作行为的问题，无疑是你们在全书中玩味的一个主题。但是，真正给我深刻印象的是你那种方式，如你前面提到的，你用那种方式表明，最近已经显得非常过时的传统，实际上使你扩大了你书中所有人的指涉范围，创造出一种共鸣的语境，从而使你可以谈你的家庭生活，谈你的祖父辈，你把他们想象成……

兰垂奇亚：……叶芝和格雷戈里夫人……

奥哈拉：……叶芝和格雷戈里夫人……

兰垂奇亚：是的，那种情况一直与我同在。它穿过我，在我身上交叉。我做的所有文学研究，所有文学教学，就像我的祖父辈那样真实，反之亦然。它给人的感觉好极了。同样，你知道，我不是刻意追求这些东西。许多这样的东西，大部分这样的东西，都是瞬间在书页上发生的。感觉到那种亲密关系，感觉到我移民的祖父母和叶芝及艾略特之间的联系，这种感觉好极了。我感到很愉快。那些是愉快的发现，是在写作中发现那些东西的非常愉快的时刻。

奥哈拉：真令人惊奇。

兰垂奇亚：是的，令人惊喜交加。

奥哈拉：另一个方面是你谈自己整个教育过程的方式，例如你高中教师的情况，还有你谈的使人们回到传统何以是一种解放行为的方式。它是使他们获得解救一种运动的组成部分。

兰垂奇亚：是自我的延伸。那是一种浪漫题材，对吧？

奥哈拉：是的。

皮斯：是所谓的自我的高尚。

兰垂奇亚：是同情。

奥哈拉：对，是同情。

兰垂奇亚：自我的扩展，从狭隘的自我转到包容世界和他人，包含着同情。

奥哈拉：我想是的。

皮斯：但写作有时也会使你冒丧失一切自我克制的危险。危险之一是，当你写作的时候，你为自己重新命名会使你缩小自己，例如冰人这个人物……

兰垂奇亚：你知道，那是我母亲的理论。

皮斯：于是出现了冰人。

奥哈拉："冰人的家族"，如果你回忆她对兰垂奇亚家族中男人的看法。

皮斯：而且，你把它转换成薄冰，在真正的写作过程中，你常有如履薄冰的感觉。新的写作激起另一种危险。它不像写一个文学人物，那时你总有安全感，可以变换隐喻，有一种安全网，可以转换到另一个诗节，或者另一个语境。但是，如果你不知道这些句子之一最后会出现什么，情况会如何呢？你能谈谈这方面的体验吗？

兰垂奇亚：当然，那正是书的内容。我的意思是，你不知道。这种写作确实是一个有机过程，在这个过程中，我并不知道我会从这里走向何处。我有某些冲动，有某些思路，但模糊不清，至多如此。只要继续，它就会出现，这是最纯粹的愉悦和幸福。我尽可能感觉自己充满活力，比我通常在"真实"生活中更有活力。如果不是这样，那就非常可怕。因为，如果我在写叶芝，我知道我在这里谈这些诗，然后谈一些后来的诗，我有这些想法，我知道总有材料。早上醒来（带着这种新的想法），头脑里有时充满种种重大的怀疑，觉得不会有任何东西，于是我写虚无的东西，觉得全都是琐碎的、毫无价值的资料，全是虚构的东西。你知道，这是学者的另一面。学者要的是实质的东西。这是那种注意自己的素材和言谈的学者。这都是从你的想象中抽取出来的。其实什么也没有。这些就是产生的那种疑惑。你摆脱不了这些事，你必须通过它们工作，任由它发生。我们一直在谈书里第一节的一些情况，而书的结尾是关于我祖父辈的一些沉思。那部分大约35页或36页，我写得很快，从头到尾也许只有十天。正如你根据阅读该书结尾部分可能推断的那样，它是在极坏的环境中写的。生活越坏，写起来越容易。

我觉得写作确实是一种逃避，有时我想——这是我对自己的一种猜疑——我在促成或者希望得到痛苦存在的环境，作为一种激励，一种刺激，在写作中寻求自己的逃避，而且情况越糟，我在书桌上的感觉就越好。因此，有时我怀疑是否应当故意给自己制造不幸的生活。换一种方式说，我不知道，我是否会失去活力，假如生活是……

奥哈拉：……幸福的？

兰垂奇亚：对，假如生活是幸福的。假如我觉得实际生活是幸福的。我想，这种恐惧最终是没有根据的。实际上，我一直在……在我最近六或八个月的生活中，我的境遇可能是迄今最舒适的，而且我一直在工作。所以，也许不必再担心这种恐惧。

皮斯：你对日益增强的感觉的后果有多深的担心，正如你在《黑夜的危机》里所再现的，你日益意识到你的批评著作是以你父母的不同性质的著作为代价的，是以使你失去对写作美的兴奋的体力劳动为代价的，那么那种恐惧有多少是这种日益增强的意识的结果呢？你的写作，甚至在它引发极度喜悦之际，也必然要付出劳动。你已经感到你必须使那种不同的工作形式进入与你写作的关系。《黑夜的危机》使你与那种不同工作的关系非常密切，结果两者似乎是联合而不是分开的活动。当我读到你家庭成员的那些精彩场面时——他们已成为你作品中的人物形象——在某种意义上你不是否定他们的工作，而是用你的语言把他们的工作理想化，从而依照你父母交谈的方式，使两种工作形成极其密切的关系，彼此相关。

兰垂奇亚：那样很好……

皮斯：他们当着你说话，然而他们是通过你的再表达说话的。于是你的计划与叶芝的可以兼容。在《我的同族人，T. S. 艾略特》里，在你刻意把他写入你的家族系谱的行为里，你把一位与你的家族没有什么关系的作家转变成了一个象征的亲戚。艾略特从来没看过，而且已经永远不会看《黑夜的危机》。

兰垂奇亚：实际上，也许他已经喜欢那些肥皂剧，对不对？

奥哈拉：是的，他喜欢音乐厅的文化。

皮斯：但是，他的动机是什么？

奥哈拉：音乐？

皮斯：是音乐和生命力？

兰垂奇亚：我觉得，某些你所指的东西构成了第七章的内容，在那一章里，我写了我父母和他们的工作。这其中有些是一个男人的传统罪过，他出生于一个非常朴实的工人阶级家庭——他现在就在这里，你知道——他不必打考勤卡，不必刷油漆，也不必挖掘沟渠。从一种角度看，我生活中的闲适令人惊讶，而且我因此得到很好的回报，我可以读书。这情况有一部分是罪过，不过你说的对……在另一个层面上这种罪过也会消失，我会拼命地专心工作。也许那毕竟是满足我父母期望的努力。嗨，他们拼命工作，难道我不应该拼命工作？所以那也是它的一部分。另一方面，我不得不说我喜欢阅读和写作。

皮斯： 作为一种工作。

兰垂奇亚： 毕竟，我是一个幸运的人。

奥哈拉： 确实如此。

兰垂奇亚： 我喜欢做这些事。这不是我必须做的工作。或许是？也许是我必须做的工作。

但是我喜欢另一种观点，我在这里写我父母时，并不是处于某种悠闲的特殊世界的行为，而是一种继续他们艰苦工作的行为。这非常有趣。我希望它是真实的。

皮斯： 我深刻地感受到了那一点，尤其在《黑夜的危机》里，来自你另一个世界的艾略特作为你父母的亲属出现的时刻。在那个幸运的场合，你扩展了你的忠诚。

兰垂奇亚： 我喜爱这个词！

皮斯： 忠诚！

兰垂奇亚： 它不是很有趣吗，不过，你说到"幸运"这个词，使我想到这本书的一切都是幸运的。一切都很幸运。我去了爱尔兰，很值得去。现在，在我正在写的这本新书里所用的方式，一切都适合写作。我们不知道。在这张桌子上的这种场景也许会结束……

奥哈拉： 它会作为另一个适合写作的场景而结束？

兰垂奇亚： 从现在起，可能每年有一两件值得记载的事。一切都会变成了写作的素材。这有点滑稽，因为作为一个批评家，长期以来，我都认为直接的审美是愚蠢的，这种审美观说要写出个人的经验，而且全是个人的经验。我过去非常蔑视这种审美观，在某种意义上现在依然蔑视它。我不喜欢它。我觉得，更伟大、更好的审美观应该认为，没有任何经验不对想象开放，我希望我能达到这个标准。然而，我必须说，在这部作品里，我写作中有一些对我非常诱惑的现在时——我多么需要直接性，多么需要我生活的现在时刻呀。不一定报道我的生活，但必须把这些现在的时刻用作对我的激发，激发我去经历只有上帝才知道要发生的事情，经历即将出现的事情。

皮斯：你在书中说，你经常在看手表，因为在你的一生中，你想逃避现时。

兰垂奇亚：现时。

皮斯：但是，写作和意像反过来又会对你自己时间中的时间消失。在论现代主义的书里，你分析了罗伯特·弗罗斯特解决相关问题的方式——就是说，由于他的经济地位，他不可能找到庞德和艾略特的现代主义所表现的那种自我，但他相当自觉地构织了一种自己的传奇。作为一种可选择的自我发明的媒介，你根据传统把弗罗斯特的"名望"与艾略特重新想象的自我加以对照，从而让他宣称不仅继承而且代表着传统。你也没有完全这样做，因为你从个人历史中重新想象人物形象，艾略特只好离开他的世界。与弗罗斯特不同，你在放弃作为文学批评家的名望。你已经有名，但由于转向另一种文类，你使自己作为文学批评家的地位面临危险，而你知道你可以用任何你想用的方式来继续商谈你的名望。你正在进入另一种媒介并期望走运。

兰垂奇亚：我热爱文学批评，也热爱教学。也许以后我不会做得太多，因为我不能肯定，我生活的那一部分未被烧尽——不论出于什么原因——你知道，我需要做有新意的事，让自己的生活更有趣。教学非常特殊。它尚未被这种烧尽的感觉触及。事实上，过去一两年教学出现了相反的情况。我觉得教学更好。应该说，和本科生在一起感觉极好，他们仍然喜欢读书，对书没有那么多既定的想法，所以我不想放弃教学。并且我很可能写更多的文学批评。只是我想看看我能在这种新的写作方面能走多远，一切顺其自然。

奥哈拉：我想就这个话题继续下去——实际上，它同教学也有关系——在这部新作中，唐纳德提出了你父母和祖父母的工作，还有你做的工作的性质，因为你想象自己是在写作中实现他们的愿望，因此你的写作同时也是一种工作，因为他们的愿望有一部分也是对你的愿望……

兰垂奇亚：……不去工作……

奥哈拉：……不去工作……

兰垂奇亚：像他们那样工作。

奥哈拉：正是如此。但与此同时，通过想象和回顾，你在使他们感受他们为你想象的那种喜悦。

兰垂奇亚：你这样想？那太好了。

奥哈拉：至少一部分像是这种意图。

兰垂奇亚：我希望我父母喜欢这本书。我担心这本书会不会接受。我是否对你讲过我父母的反应？我决定必须让他们知道这一切。所以去年圣诞节，我回去时，在佛罗里达，我开始告诉他们——我们围着桌子坐着——我告诉他们有这么一本书，而且用了**自传**这个词。没等我把话说完，我母亲就说："你有没有说我们的坏话？你小的时候我们对你不好吗？"

她一直在听奥普拉和多纳胡。她现在也知道那种辱骂的文化。你知道：你父亲下班回家心情不快，你立刻就变成被辱骂的孩子。但是，由于某种原因，她说这话的时候，并不是真的担心。这本书以她的独白开始，而她说她从未说过那些话，于是我只得承认这一切在某种程度上都是虚构的。不过，我讲她的核心故事却是真实的。我并没有编造她说过这些东西，或说过类似的东西，即她把兰垂奇亚家的男人看成是威严的人……

奥哈拉：……"冰的家族"。

兰垂奇亚：我想她或许会因此生气，我不知道会不会。

奥哈拉：我感到诧异的是：作为交换，当你完成家庭希望你成功的愿望时，在重新想象他们与你和艾略特那样的经典作家的关系中，或许这种宽容的修正场景说明了为什么教学变得更好的原因，因为那也是你在教学上所做的事情。在那种意义上，你遵循塞纳特罗·贝拉的样板，他给你上莎士比亚课，告诉你你自己也可以把这种传统作为礼物呈现给别人。

兰垂奇亚：我很乐于那样做。那是一个教师应该做的。

皮斯：但是，如今谁还会同意这种看法。

奥哈拉：这正是我下面要提的问题。

兰垂奇亚：关于教师的天职，人文主义的观点看法是：你应该把伟大写作和想象的才能传递下去，这种才能具有、承载着、产生着后果。这种看法认为，如果你接受了这种才能，你就会离开自己的经验，不是完全离开，而是你会进入另外的经验，它与你的性别、爱好、族裔、种族、或任何类似的东西都不相关，这你是知道的，实际上，这些经验会给你极大的快感，这些文本会使你进入一个你以任何方式都不能进入的世界。谁还相信，文学提供一种特殊的享受，使我们一直读到凌晨两三点钟，而且实际上有一种在任何地方都不能重复的视角和经验？我的意思是，这就是为什么我们要做文学，因为我们认为，无论其他什么东西，都是它的根据，它的基础，都是扩展同情识别能力同时仍保持批评和自我批评的特殊经验。

皮斯：对，完全对。我认为确实如此。

兰垂奇亚：我希望发生的事情之一，就是进入我书里的那些真实的人，对我——你知道——通过我的想象，变得比生活更丰富多彩。

皮斯：没错。

兰垂奇亚：他们是力量。他们是人物。

奥哈拉：正确。

皮斯：他们不是概念。

奥哈拉/兰垂奇亚：不，决不是概念。

皮斯：你知道，这好像再次说明了书里发生的情况。在书里，你力图摆脱——我们姑且称它是概念化帝国主义，抽象的帝国主义，摆脱它们对你的想象力的控制，以及它们对你与形象、流失的瞬间和被压制的东西的不合时宜的关系……

兰垂奇亚：是的。

皮斯：……摆脱被概念机制压抑的东西，这是你的纯粹的乐趣。

兰垂奇亚：是这样。

皮斯：你可以再次在那些形象中遨游……

兰垂奇亚：遨游，我想这个词恰当。

皮斯：……和些学生一起遨游。

兰垂奇亚：这种写作是真实的。无论写的是什么，决不是抽象的思想。它写的是特殊而具体的东西，经过的东西，感知的东西，它写的是人，还有种种非理性的东西，一切都顺其自然地展开，有时会把你带到非常危险也令人惊讶的地方。我尽力不削减句子、段落、冲动和主题，因为我认为，因为我知道，当另外的人读这本书时，他们会说："噢，兰垂奇亚是甲还是乙，真的，你以前是否知道？"

可是，我不知道我真正是谁，实际上，我毫不介意我真正是谁，但沿着他们这些奇怪的思路走下去确实非常有趣。我的意思是，你开始说，你走入一个房间，然后想象自己最终遇见了某个……某个1963年你在一间酒吧里见到的人，那是肯尼迪被暗杀的夜晚，你开始对他加以想象，例如，为什么我把他想象为重达1000磅的男人？我不知道。经过思考，我想是因为我希望他孤立无援。为什么我要想象自己是奥赛罗而他是苔丝特蒙娜呢？

奥哈拉：你的人物是"多元文化的复仇者"。

兰垂奇亚：是的，接着一件事导致另一件事。然后你说你给你的人物拴上了链锯……

皮斯：一条得克萨斯链锯……

奥哈拉：一条得克萨斯链锯……

兰垂奇亚：一条得克萨斯链锯。你看，你谈论链锯时，你开始想到得克萨斯链锯，而一旦你说……

皮斯：一条达拉斯的、得克萨斯的链锯……

奥哈拉：这是那种偶然性的美。

兰垂奇亚：对，是偶然性的美，它只是看着它走向何处，只是看着它走向何处。

奥哈拉：这将震动不少文学批评家和文学理论家。考虑到你早期的作品，他们会感到惊讶，因为它对某些美学的作用常常进行严厉的批判。

兰垂奇亚：是这样。

奥哈拉：如此说来，你真打算把它们推翻。

兰垂奇亚：这好像我已经放弃或者这些年我一直对自己真正的文学愿望进行欺骗。

奥哈拉：正是这样。你是隐秘的唯美主义者。

兰垂奇亚：他们也许是对的。现在文学批评不论做的是什么，似乎对反常的知觉、形象和偶然性都不感兴趣。它似乎已经知道文学是什么，知道它有什么作用。它似乎太多地喜欢抽象。

奥哈拉：没错，一切都事先经过了包装。正如唐纳德说过的，有一种刻板的概念框架。结果，抛弃了你从写作中获得的快感，也抛弃了我们习惯于从文学中得到的享受。

皮斯：不过，在叙事里，仍然有卫护的情绪，也有某些守护感的存在，例如，当你前往爱尔兰把你的家族与叶芝的文化回忆联系在一起时，你似乎就因某种卫护的存在而得到庇护。

兰垂奇亚：你指守护的天使吗？

皮斯：是的，一定是。这个天使让你相信，甚至你的愤怒情绪也受到庇护。你是否可以谈谈，当你回忆那些能体现自我憎恨但在复活它们中又释放一种快感的场景时，你的写作会引起什么样的情绪？你在写作中运用了高超的技能，获得了更新后的生活场景和自我形象。例如，你对肯尼迪遭到暗杀的回忆，正如每一个经历过这一事件的人知道的那样，这一事件给人的感觉就像令人诅咒的创伤。然而你却发现了一种气氛，既有助于回忆，又不被往事扰乱心绪，你能够从过去令人痛苦而难忘的场景中摆脱出来，没有使人……或是你自己非常痛苦，这不是对自己的辩护，而是对自己的确认。你的写作仿佛给了你极大的灵活性。

兰垂奇亚：是写作拯救了我。在这本书中，拯救我的正是写作本身。我必须说，这本书的确有很多令人伤痛的话题，当我重读的时候，无疑我体验到这些话题带来的伤痛。我觉得这本书充满怀旧与伤感，常常还很强烈。还有一件事——我不愿意去说，因为这会显得重复——比它重要，那就是构思和写它的能力，以及在句子中体验的一种兴奋。它给我一种超凡的感觉。

奥哈拉：它令你着迷。

兰垂奇亚：的确，它令我着迷。谢谢。

奥哈拉：对，所以偶然的愤怒也会因为对写作形式的着迷而抵消。

兰垂奇亚：完全正确，谢谢。在肯尼迪那一部分，我认为我恰巧碰到和发现了一种写作方式，其修辞夸张等于我所受的伤痛的夸张。约翰·菲茨杰拉德·肯尼迪之死至今还浮现在我的脑海。数周前我刚做过一个梦,梦中大概是在迪利广场。我梦见我是扎普菇德,正在拍摄电影。所以我认为你们俩都是正确的。有一个保护神,是写作的保护神。书中的有些人,当他们读它时,不会有这种对作品着迷的感觉。就像唐纳德说的那样,"对创作着迷"。这不是他们的作品。其他人说你说过的话,还有一些看过这本书的人说,书中有一种鼓舞作用,它使一切都充满激情,包括那些最令人伤痛的素材。它们蕴藏着对美的时刻的着迷。依照某种观点,这是相当不道德的。我自己最终认为是道德的。但按照其他观点,我能理解为什么有人说,"为了你个人的治疗和个人的利益,你讲出了你卷入的与他人一起的伤痛,你找到了一种对自我有利的方法,而对其他别人都没用,你在利用有利的地位。当你去体验这个素材的时候,你实际上会有一种贪婪,因为你找到了一种写作的声音,一种语言上的力量,它不仅可以面对素材,而且可以超越素材,因此无论你的句子讲什么内容,你使句子富于文采而带来的喜悦,给予你任何别人都无法得到的高潮,并且,那是一种你拥有的邪恶的喜悦"。他们可能会这样说的。

皮斯:你并没有这种喜悦。

兰垂奇亚:你想的是什么?你要知道,可以这么说。我不能说这不真实。

奥哈拉:詹姆斯·迪基在他的《火焰炸弹》中,把它称之为"光荣的美学恶行"。斯蒂文森称它为"恶的美学"。我能想象某些不友好的批评家也许会采纳这种观点。我觉得唐纳德在说出他认为那不是事实真相的原因,因为你的确传达给其他人——或许没有传达给直接介入的人——这要以后再看——但你的确把这种愉快的感觉传达给了其他人,我认为那部分就是教学,同样也给人愉快。那部分是非个人的教学;那部分表明了把握痛苦与愉快的才能。

皮斯：是的，但不只是弗兰克的。我的意思是说，我看不出你如何把写作过程与你联系在一起。

兰垂奇亚：不是与我。

皮斯：没有稳定性。

兰垂奇亚：你说的对。

皮斯：我想说的是，它类似爱默生所说的"超验的眼球"的经验。

兰垂奇亚：这就是为什么最好称它为"写作的上帝"，或"天使"，或"保护神"——就是说，我觉得我好像失去了自己，我在一个并不属于我，但我已经进入的快乐世界。我的意思是说，这是一种自我拯救的喜悦，它是深刻的部分，在你坐下之前忘却你要写在纸上的每件事的喜悦，而且你突然变成另一个人，不应该称作自我——我不能确定你应该称作什么——但你确实存在。这很好。你希望别人拥有它，但我不知道在这种快乐中，你如何能直接教育他人。通过示范你在课堂上是如何做的，教师可以使他人了解它。这就是通过你自己在课堂上的实例。

皮斯：然而，这就是为什么我要那么做。

兰垂奇亚：忘记自己。利用自我。在这种文化里，对自我发现的强调太过分了。不幸的是，这种集中强调使我生活中的妇女感到恐惧。

皮斯：也许让她们害怕。但是，我认为你生活中的任何人都不会像你写的那样，可以进入这些未写出的场景。然而，在阅读这些场景的时候，我们全都享有再次体验这些场景的那份快乐。那就是我为什么认为你使自己成为妄想狂的原因，你知道……当你进入爱尔兰和进入……那些奇妙令人发笑的时刻，也就是你对自己的妄想狂感到兴奋的时刻，真正的妄想决不会降温，除非有人从你手中拿走你的作品，你的作品不等于是你，但不管怎样是你的作品。

兰垂奇亚：你说的对。那是属于我的某种东西。你知道，我不想使它神秘化。我们一定不能把它神秘化为只是作者自己某种的东西。我想，我父亲从事油漆匠的工作——他现在已经退休，不再油漆，但仍在工作。他热爱工作。他热爱自己的工作，因为我觉得他潜心于工作。我们谈论的是潜心于一个过程，这令人着迷，它可以是写作，也可以是油漆墙壁。这不可能是我母亲做的事。现在，我知道……我努力把父母之间的区别弄清楚，我母亲从劳动中得到的是悲伤，因为她在生产流水线上工作。我认为，在生产流水线上的劳动不可能使人对劳动的过程着迷，因为这种劳动确实是非人化的。我父亲不是生产线上的工人。无论你从事任何工作，我都不在意你的过程是什么——我的意思是，比如洗盘子，告诉你实话——但不一定是写作，正是这种……

奥哈拉：……忘我……

兰垂奇亚：……正是忘我。

奥哈拉：……使你既是自我的组成部分又大于自我。

兰垂奇亚：这非常伟大。它比一切都有价值。

奥哈拉：是的，它是一种解放的交流。

皮斯：那是每天都做的，然而你的叙述又总是与分开的时间相联系。从某种意义上说，你在梅普金修道院里发现了作为写作过程的自我消失如何被转换到不连贯的时间之中，修道士通过祈祷、宗教仪式和经文维系着这种不连贯的时间。你去修道院，加入到修道士的苦行修炼，重新找回你作家的身份，而不是神秘家甚或天主教徒的身份。

兰垂奇亚：修道院对于我来说，是一个孤独地、高度集中地苦行修炼的地方。那正是我们工作时所处的状态。从某种意义上说，当我们认真工作的时候，我们就会达到那个境界。他们留出一个地方，实际上，在这个地方，他们说："让我们看看我们是否能构建一种生活，在这个地方，这会成为我们的中心，或者成为平凡生活的中心,确切点说……这是一个我们在工作过程中不会有所分心的地方。"所以,我认为这就是那个地方的美妙之处。现在,对于这些年来每天都生活在那里的人,我确信生活对他们非常平凡。必须做出重大努力来保持这种专心,不在意别人怎么想。

皮斯: 在《黑夜的危机》中,你逐字逐句地写,根本不理会别人究竟怎么想你。

兰垂奇亚: 这正是我写这本书时的那种感受,唐纳德,一点不想人们会对它如何反应。这是我在写作间里的感觉,但我确信,一旦它变成一本完整的书,他们的反应开始出现,显然我不会再对它漠不关心。我希望我能够做到。我已经收到了一些反应。在朗多姆出版社接受这本书之前,有一些来自其他编辑的反应,他们不要这本书,并且说了这样的话:"不想见这个家伙;这本书,令人可怕"。

皮斯: 是由于暴力吗?

兰垂奇亚: 所谓的暴力。

皮斯: 想象的暴力,是想象的暴力。

兰垂奇亚: 想象的,正是如此。

奥哈拉: 有一种与政治正确性相联系的新型文雅,就是说,如果你让你的想象力自由地驰骋,你很容易受到批评。

兰垂奇亚: 是的。例如,这是一本男性的书。男性的。只是为男性写的。别人就对我说,但男人可能也是人吧。

奥哈拉: 正确,我想是的。有关这本书,我还发现非常有趣的是它错综复杂的结构,三个主要的部分,有开始时的前奏,结尾时的冥想——你做了两次。它使人想到其他五部分结构的书。我觉得,这本书有音乐的韵味,但我不想通过直接比较抬高你,说它有些像《荒原》。

兰垂奇亚: 那位诗人的作品总是萦绕在我的心头。

奥哈拉：与之相关的还有另一个方面。《黑夜的危机》的故事开始于"1992年9月",结束于"1992年8—12月"间。在某种程度上,我们知道的只是你一生中个别的瞬间。在你一生这个紧要的时刻,有一种时间性的结构,然后我们在你的回忆和幻想中前后移动,同样也飞向爱尔兰和其他地方,因此对我来说,这本书确实使人联想到现代主义的作品。但与此同时,由于它的风格,这本书既易懂又通俗,因此你是力图遵循艾略特的指引,把音乐厅与莎士比亚结合起来。

兰垂奇亚：是的,但你知道有些人会认为这本书缺少结构。

奥哈拉：我认为有足够的结构,也许可以说,结构太丰富了。

兰垂奇亚：它当然不是一种我心里已有的一种形式。它是跨越时间展开的。但你知道,假如你运气好,有些事情正在发生,你就会深入某个地方,形成某种有机的节奏,我想我最终是幸运的,而且觉得它确实有某种整体性,尽管是一种难以描述的困难的整体性。我很高兴你认为它是一本现代主义作品,与《荒原》有相似之处,因为那首诗作长期以来一直伴随着我,然而那毕竟是一部很难从整体来描述的诗作。你说的这本书的时间性很有意思,因为《新共和》杂志的电影评论家斯坦利·考夫曼曾向我推荐过一个书名,我没有使用,但我认为它对你刚才说的话是一个很好的说明。他提出的书名是《此刻,存在和变化的场景》。由于多种原因我拒绝了这个书名,但我认为它对我所做的工作是极好的解释。我想,它是完全正确的。你是对的——这本书给人的感觉是故事在某个单一的时刻展开的。它的事件用的是现在时。

奥哈拉：但你选择的标题《黑夜的危机》显得更加具体。

兰垂奇亚：我希望如此。

奥哈拉：它给人以极易接近的感觉。

兰垂奇亚：在我的一生中，这是我为书名而费神的唯一的一本书。书的名字总是在它们应该出现的地方突然出现，而当它们以那种方式出现时，你觉得它们绝对正确，你知道，就这样定了下来。但这本书的名字，我却是想了又想。这令我不安。我不知道为什么出现这种情况。其实，这不是我定的名字。正如我告诉你的那样，德利罗看过书后选了这个名字，我也同意，觉得它是个很好的名字。它对书有具体的含义，我们可以根据事实为它辩护。我非常希望是我定的名字。可的确不是我选定的。我自己想的名字虽然我仍然喜欢，但已经把它们抛弃，例如《回忆与其他犯罪》、《自传作家的实验》。我喜欢《回忆与其他犯罪》书名的幽默感，然而这类书名已经有人用过。哈罗德·布罗基的第一本书就命名为《初恋与其他悲伤》。我想的书名使我想到那本书的名字，而且出于某种原因总让我想到伍迪·艾伦，每次想到《回忆与其他犯罪》时总是如此。不一定因为他的书名《重罪与轻罪》，而是因为他的才智，你知道。尽管《回忆与其他犯罪》是很好的解释，但我认为这个名字有某种纽约—亚历克的特质——那是弗罗斯特常说的方式，而我觉得书里并没有这种纽约—亚历克的特质。那么，纽约人，你知道纽约人的定义：他们比其他任何人都要高明。他们什么都知道。因此他们生活在纽约。德利罗在《白色噪音》中说到过这点。

奥哈拉：不过，名字是不是你起的也许并不重要，因为它是书的名字。

兰垂奇亚：是呀，某人把书的名字给了我，我自己只能表示赞同。

皮斯：但是德利罗对你的影响很深，不是吗？

兰垂奇亚：是的。

皮斯：当你写关于德利罗的书时，当写关于天秤星座时，我感到是德利罗让你考虑你以前的写作并进行彻底的转变。当我提到保护神的时候，我指的是像德利罗这样的人。德利罗的影响与哈罗德·布卢姆在《影响的焦虑》中所写的俄狄浦斯的存在是不同的。德利罗没有引起焦虑，但却恢复了你的意大利出身。

兰垂奇亚：正是如此。除了德利罗仅仅年长5年之外。最好说，"长兄胜过父母"。

我开始阅读唐纳德·德利罗的作品是在1980年或1981年，大约就是那个时候，开始是漫不经心地读，后来我不止一次系统地进行研读。他的作品确实是一种灵感，我不知道原因是什么。我知道关于灵感的一件事情，是我想象中的一个人，当他写作的时候，作为一个作家，像任何人一样会遇上很多困难，但是他得到了同样的快乐，唐纳德把这种快乐称之为着迷，或写作的愉感。作品是最终的避难处，它是唯一的庇护所。在德利罗的作品里我感觉到这点，它高于并超越了他当时所说的东西。我确信有各种各样其他的理由，对这种灵感也有其他种种含义，但我不能说清。我当然不打算写一部小说，对此我表示怀疑。我当然也不能让文化和政治世界以德利罗的方式进入我的作品。作为一名作家，我没有那种东西，我身上缺少那种东西。我想，他的情况大体上就是这样。所以，有理由说，我没有也不可能有任何模仿他的东西。你是正确的，没有什么焦虑。怎么能有焦虑呢？有的是解放，有的是灵感。而且，你知道，对此我非常感激。我想那就是它所提供的，也就是，我一生中的那段时间，以种种其他方式来阅读他的作品，而所有这一切不可避免地造就了这部作品。

奥哈拉：那么，这本书就是一件礼物。

兰垂奇亚：一件真正的礼物。

奥哈拉：是的，一件真正的礼物。

兰垂奇亚：现在，我希望这本书不仅仅只是一件礼物，我希望我能写的更多。因为你不能等着它从天上掉下来。

皮斯：大约在同一时间，你转向演出，你能否稍微谈谈这件事？

兰垂奇亚：噢，那也是这本书的一部分。

皮斯：我的意思是，在这本书里，有时我觉得仿佛是在马丁·斯科西斯的影片中观看你。

奥哈拉：是的，那是这本书的表演特性。

皮斯：我想说的是，他应该买下这个难以完成的剧本！

兰垂奇亚：我很高兴你们二人有这种感觉，因为这里有两个方面：一方面是实际进行表演，我已经有了——那是一个方面——斯科西斯的影响是另一方面。过去的 20 年，也许更长的时间，斯科西斯对我的思想和感性产生了巨大的影响，的确，我喜欢把自己想象成影片《好伙伴们》（*Goodfellas*）和《愤怒的公牛》中的人物，作为那些角色中的一员。我喜欢那种面具，那种音调，那种姿态。我喜与之嬉戏。对我来说，这只是一种趣事。也许因为这是斯科西斯的。毕竟，这个人取材于小意大利，制作出一部重要的影片。谁是更伟大的导演？他实在令人惊讶。我想，他为我树立了杰出的榜样。当然他也和德利罗有点关系。他们二者都……我的意思是说，我不喜欢说这个，我不喜欢退回到我的种族地位上来。它听上去好像我被一些成功的人唤起灵感，而这些人的名字恰巧与我的名字相似。也许我需要如此。也许我完全应该承认这点，说这两个人对我很重要，因为他们都是意大利裔美国人。也许我完全应该说那是正确的。我不需要为此进行辩解。即使德利罗在他的小说中没有使用意大利裔美国人的素材——是的，有时零星有过，但非常偶然。他不大写布朗克斯区的事，无论如何尚未写过，他也不写他的家庭。事实上，他是一名意大利裔美国人，但更重要的是，他是一名纽约人。我想说的是，他的作品表明这点。这个来自纽约的人，关注倾听纽约大街小巷所发生的事。你知道，斯科西斯的很多题材直接来自他一直居住的地方。

就表演本身而言，我一直想做。我上高中时确实演出过，但后来就退出了我的生活，它像是一个大洞，我总想返回其中。你知道，我总是这样看自己——如果当时是另外的情况，60年代我会进纽约大学电影学院，我会与斯科西斯相遇，我会进入他那些只有12分钟长的早期实验电影——把自己看做我的一个朋友，和我一同进入高中，上纽约大学学习，他本应就是我——然后我会从事电影，你知道，我会完全适合斯科西斯的那些电影。是的，要让他导演电影剧本！或者至少给我一个与德尼罗同台演出的小角色。那是幻想了。不管怎么说，80年代末期我又重新演出，参与过三四出戏，感觉很棒，乐趣无穷，我全身心地投入，就像写这本书一样。我一直坚持教学。我那时没有时间去考虑书的问题。我只希望把那个角色演活。每晚都排演。彩排发生的唯一问题是，不是每晚都能保证5个小时。一些讨厌鬼拒绝让我每晚排演5个小时。这让我恼火。这次演出与这本书的起源也正好一致，所以对书的另一个影响就是表演。关于表演我知道什么？表演与变成你之外的其他人无关。与它有关的是，在你个性的某个角落找出适合那个角色的特性，然后让你完全成为那个角色。要从中找出某种冲动，从你自身发现真正适合的东西，然后尽力与之协调一致。因此，表演是表达你的各种主题和母题的一种方式，是发现许多你自己不知道在你身上存在的东西的方式。所以，从那种意义上讲，表演对我是一种自传和自白实践。

奥哈拉：我想知道你当时都演出过什么角色。

兰垂奇亚：一出滑稽戏中一位非常乖僻的美国总统……它叫什么来着？是《惨败的惊人消息》。乱伦，毒打妻子，同性恋，恋尸狂，等等。我是一应俱全。我从这个角色中得到极大地快乐。说的是自我放纵的快乐。

皮斯：于是你在书中把这个情节换成肯尼迪遇刺事件。

兰垂奇亚：对，对，我想是的。

皮斯：同性恋，恋尸狂总统……

奥哈拉：……总统……

皮斯：……伴随着得克萨斯街链锯的吵闹声和射击的枪声。

兰垂奇亚：谁知道这些东西来自何处？你也许是对的。也许是那个古怪的角色，也许表演这个角色的练习，充实了我的素材。我的感觉是，持续了4年左右的所有这些表演经验产生了作用，排除了写作、表达和我心里某种喧嚣不安之间的障碍，使我可以更自由流畅地表达，因此我认为表演与我这本书的由来关系极大。我认为这里没有任何问题。戏剧性，我对戏剧的热爱，在我的写作中得到了体现。我认为你是正确的。当时必定是表演，因为现在表演已经被其他所取代，因为我也不再有表演的愿望。偶尔被人问到，我会说："哦，天啊，我得考虑一下"。但是，我不可能再对它想象，演出！

皮斯：弗兰克，有时我也觉得有必要进入表演，所以你可以让自己以一个独特的角色进入……卓越的文学评论家弗兰克·兰垂奇亚。我有这种感觉，那就是你在写那本无止境的论现代主义的著作的时候。顺便说一下，我认为这是一本非常好的书……

兰垂奇亚：……你是这样认为的吗？

皮斯：……一部伟大的书，那也是一种方法，找出你在那部分无法表达的东西。另外，在你建立的非认同方式中，我发现非常重要的是，它揭露了围绕着职业精神气质的虚荣。

奥哈拉：是的，唐纳德，你说得对。

皮斯：这些书真的出版，就要对它们的不可比性采取措施。在这本文学现代主义的著作里无法表达的东西，在另一种写作方式中得到了表达。

兰垂奇亚：也许我们应该为批评说点好话。我能说的是，假如我能在这本现代主义著作里说些什么，我肯定不会以这种半自传体的方式说出。这些是不同的媒介，它们要求不同的思想规训。可是，你是否认为我们今天下午的讨论，以及我的书本身，简直就是自我放纵？

奥哈拉：不，我认为不是这样的。我认为事情是这样的，我和唐纳德俩人，以我们的方式通过我们向你提问各种……各样的问题及思考这本书如何由来，深深地感到这本书并不是自我放纵的体现。我认为是它表现了这样一个事实：某些思考问题的方式，写作实践的方式，以及我们之间相互作用的方式，在一种职业环境中变得越来越难。我还认为……依靠表演，依靠来自德利罗的灵感，依靠对你一生中危急关头经历的回顾和反思，你知道，是获得自由的方式，正如唐纳德前面说过的，是你解脱自我的方式。你摆脱了一种概念的框架，一套话语的结构，这套话语结构不允许对偶然性的种种感受、反应和探究，更重要的是，它不允许人们通过沉浸在作品过程中而获得愉悦，而这个过程本身也是一种享受。正如你在书里所说，为了"亲属关系的媒介"，你放弃了抽象的皇宫……

兰垂奇亚：……不错……

奥哈拉：在这个职业中常有的快乐消失了，这是就职业化而言的消失。也就是刚才唐纳德指出的，他谈到什么不能进入《现代主义四重奏》，什么出现在《黑夜的危机》之中，以及为什么不能进行比较。因为在《黑夜的危机》中出现的东西，可能已经进入这个职业的早期写作形式，也许进入了这个职业早期的写作方式，而那种形式再不可能实现。我认为，甚至于更重要的是，在一个职业环境中，承认这些感觉有可能会把一个人置于非常不稳定的境地。

兰垂奇亚：噢，就我所知，我的工作很稳定。

奥哈拉：是的，当然你的工作很稳定，但我的意思是，在声誉方面，这可能会出现问题，即使是这一职业中地位已很稳固的名人也是如此。

兰垂奇亚：我认为，我期待着，我们会看到一些诽谤之词，也许它们读起来很有意思。

皮斯：那将是一些可预测到的诽谤。

奥哈拉：不错。

兰垂奇亚：根据你刚刚谈到的，让我来充当魔鬼辩护人的角色。

奥哈拉：好呀。

兰垂奇亚：假定你刚才所讲的都是事实，但我可能……作为魔鬼辩护人会说，"嗯，也好，我们不应该再有这些事了，因为知识分子们对兰垂奇亚所做的不感兴趣，他们关心的是种族歧视、阶级冲突、对同性恋的憎恶、性别主义、帝国主义等问题。这个世界在哪里？我们居住的这个世界并未进入兰垂奇亚的书里。"

奥哈拉：那是不真实的。

兰垂奇亚：不真实吗？

奥哈拉：不是真实的情况。它确实进入了兰垂奇亚的书里。比方说，你儿时最要好的朋友是谁？是内利……

兰垂奇亚：内利·布朗。

奥哈拉：内利·布朗。内利。所以是内利和弗兰妮，不错。他们俩正是我当时考虑的那一对。因此你描写了人种间关系和人际社会关系，并且，在有关这位融合多种文化复仇者的整个幻想场景中，你描写了……

兰垂奇亚：这是一个很好的措词，对吧？

奥哈拉：是的，是的，确实不错。你描写的问题，涉及更广泛的政治社会，但你是根据你个人体验来描写这些问题的，这有什么不妥的吗？我的意思是，人种偏见的问题，不仅是话语结构和政治实践的问题，而且是一部分人个人体验的问题，这些人总是不得不面对某些困难和偏见的侵扰。这就是你书里写的。在你的书中，关于性别的问题也非常明显。

兰垂奇亚：确实。请听我说，有关这方面的倾向也许……不好，我想你说得对，你是正确的。我们不必让学术界这些时髦的典型来定义世界，说明其中什么是重要的东西。

奥哈拉：我想过你是如何想象你的女儿的，因为我也有一个女儿，正如你生动的描述那样，我经历过为工作而如此奔忙的情况。我认为，非常重要的是，你力图把他们的反应作为批评的声音。你以个人的方式说到了性别差异这种更大的、只是被抽象地谈论的问题。

兰垂奇亚：是呀，你在说服我。

奥哈拉：是的，你知道，唐纳德说的是人们可以预料的可能的反应。

皮斯：我认为，你对"话语构成"的应用是一种批判的用法。在《黑夜的危机》这本书中，你用于阐述的地方无法在任何单个语境里确定。与此相似，也不可能把你和任何单一的对你或你的作品的批评等同起来。作为你各种不同表演的基础，你所确定的冲动是一些不做出巨大努力便不能定位的冲动，而只有定位才能确认这样的批评。你以自己的方式实现这些定位，在你自己身上发现这些人物，而这个职业中的弗兰克·兰垂奇亚的个性又消解了他们的资格。那就是为什么我说你的作品是具有深刻恢复作用的解读，因为在某种意义上，职业内的辱骂会让你发现那种否认社会灭亡的冲动，虽然辱骂以另外的方式提出并阐述了社会的灭亡。这是书里我最喜欢的地方，那种个性的灵活性，那种……

兰垂奇亚：这个人是谁？你看，那可能是另一种粗暴的反应："那么，他确实没有告诉我们他究竟是谁，他总是在逃避。他在这里实际上并没有给我们提供一个人的确定的、连贯一致的形象"。

皮斯：如果我可以为它命名，可以说你在提出当前存在的文学理论与文学专业主义的观念机制的阴暗面，揭露可能是另外的一些东西。你在表明自由驰骋你的想象时发生的是什么，找出了一种说话和存在的不同的方式。如果人们要对这本书作出公正的文学判断，他就必须像你做的那样，找到一种非辨识的方法，但与每一个先在的文学参照系不同，因为这些参照系会把你固定于某种"不可信"的地位。实际上，你说："混蛋，把这个参照系解释一下。"

奥哈拉：没错，唐纳德，你完全掌握了弗兰克的意思。

兰垂奇亚：我觉得，为了对你自己好，我最好不对你的话说什么。

皮斯：但是，还有另外某种东西在起作用——一种解脱。我们不妨把它称作拘谨，我初次见到你就有所察觉。

兰垂奇亚：我当时在英语学院。那会解释一切的。

奥哈拉：对，在那里你不得不保护自己。

皮斯：那是过去，但你后来什么时候到英语学院的？

兰垂奇亚：十年之后，是十二年之后。它还在吗？

皮斯：不，不在了。

兰垂奇亚：啊，不在了？

皮斯：是的，不在了。

兰垂奇亚：尽管如此，如果你当时不在那里的话，我没有什么人可以交谈。

奥哈拉：我知道那种感觉，但当时就没有别的人吗？

兰垂奇亚：不能说没有，乔纳森·阿拉克在那里。所以，只有两个人。

皮斯：对。

兰垂奇亚：是呀，我不想敷衍你的问题。

皮斯：很好。

兰垂奇亚：我不清楚。人老了会变得更加拘谨，还是会保持在二十多岁时形成的那种拘谨，抑或会改变方向。

奥哈拉：你书里有一个不拘谨的例子，尤其在唐纳德指出书中的自我灵活性之后：在开始部分的结尾处，你重复了你祖母的话"Augu 黑夜的危机"。你采取了她的角色，你在模仿——用夸张的话说——她的从属地位。我的意思是，你使自己处于你祖母对你祖父的位置，把后来这本书提供给他。在某种程度上，你在做同样的事情：想象以前你祖父扮演叶芝的角色，你另一位祖父扮演格雷戈里夫人，两者相对，他就能按照他本来的方式写作。那是一种跨越性别战争分野的想象，而且以那种方式想象是一种非常重要的能力——我认为它贯穿全书——表现了各种其他的差异，如两代人之间、种族之间或民族之间的差异。

兰垂奇亚：我希望如此。另外，我们很守旧。我们认为那就是想象的目的……

奥哈拉：……是的。

兰垂奇亚：……为了处于其他意识之中……

奥哈拉：……对。

兰垂奇亚：……为了把你自己想象成另外的人，使自己成为不同于你的他人。

奥哈拉：对。

兰垂奇亚：那是很有趣的。

皮斯：同样，你也有着深刻的障碍，这在你发表于《批评探索》的那篇论斯蒂文斯的文章里表现出来，你在那篇文章里认为，他产生的诗歌想象是"十足的贵妇"，他产生的批评对诗人的美学工作是男性主义的体力劳动。你不相信劳动分工，因为它使批评家成为男性的，而使作家成为十足的女性的。但当你从批评家转变为作家后，你对写作采取了不同态度，不那么考虑它究竟是男性主义的还是女性化的或正在女性化的活动。你对惠特曼说过（我这里说的是大意），"拉开门"。"我不会受这种已存在的性别的约束。我不会让想象力受那种特定的性别区分或任何其他的区分控制。"在我看来，在某种意义上，通过一定的自我你变得无懈可击。

兰垂奇亚：……交叉打扮的愉悦……我必须告诉你我在《惨败的惊人消息》这出戏中扮演的角色——我扮演的是美国总统。别的先不说，这位总统在正常的衣着里面戴着女人的乳罩，当他的衬衫剥光时，就露了出来……我选择了柠檬色……从衣柜里……以便得到一只适合我的乳罩，它必须是42码胸围的有饰边的乳罩。这出戏最重要的时刻是这位戴乳罩的总统的自我暴露。正如第一夫人所说的，"你这个穿戴乳罩的粪袋，你只不过是攀在我屁股缝上的红果莓"，等等。

对了，我同意你说的。最好不要为那些性别问题而忧虑。有关这个问题我只能说这么多。有人曾经问我，当你说"内利和弗兰妮，不可分离"时，你想说的是什么？你试图……你想在字里行间加入什么含义？对此真实的回答是没有含义，但我知道你在想什么，我会搅乱你的头脑，而你永远不知道我在说什么。事实是，在写作的时候，我发现他有一个有点是局外的名字，我也有这样一个名字，而作为运动场上的男孩都可能受不了这样的名字。但我们是朋友，情况就是这样。写"不可分离"使我很高兴。写"不可分离"非常有趣。

奥哈拉：正确，正确，非常正确。

兰垂奇亚：你在想什么？

奥哈拉：因此，这本书的批评家在进行批评时，实际上最终是判断他或她自己。他们会连接那些你未连接的东西。

兰垂奇亚：他们会填充，匆忙地填充。

奥哈拉：没错。

兰垂奇亚：不过，我认为玩弄这些性别形象和这些性别角色倒是非常有趣。我的意思是,它确实是如此。

皮斯:但多么有欺骗性啊。

奥哈拉:是,是有欺骗性。

兰垂奇亚:欺骗,欺骗,弗兰克。我给我父亲的最后一句话是,"'先生'弗兰克,欺骗!"我要在过去准能和奥斯卡·王尔德关系很好。

皮斯:噢,是的,比你想象的还好。可是,我不知道是否可以把你目前做的事——让我们把它称作是你文学生涯的第二个阶段——与《新批评之后》相互联系。你的文学生涯有一次断裂,现在就是,因此可以以某种方式把你的文学生涯理解为一系列不断进行的非认同过程。通过阅读你的著作中的任何一部,很难预测接下来会写什么。

兰垂奇亚:说得好。

奥哈拉:非常真实。

皮斯:但是,你知道,我第一次读了《新批评之后》,我觉得它标志着你的职业身份和你对阅读与写作规则认同的一个关键性转变。根据你认为它对你和你的职业作用,你如何定位这部新作与早期作品的关系?

兰垂奇亚:我不清楚。即便有什么,我也不知道它对职业有什么作用。我不知道我能否回答这个问题。我也不清楚我该如何对它考虑。诺顿一位相当敏锐的编辑说,他认为这本书的大部分是出于对文学研究状况的厌恶,他认为这是该书潜在的内容。我认为这话倒是真的。文学研究中难以容忍的东西是它过于神秘。

奥哈拉:神秘?

兰垂奇亚:是的,一切都被非神秘化。一切都被认为是另外某种事物的伪装,而这种事物能够为人所知,但令作者非常讨厌。整个情况就是如此。然而并不存在危险。真实情况是:我的动机部分是出于对文学研究的厌恶,就我所知,也许是对我自己的文学研究的厌恶。

奥哈拉：为什么你认为是出于厌恶自己的文学研究？是因为你自己的非神秘化行为吗？

兰垂奇亚：嗯，我不太清楚。我没有对自己的作品产生反感。我不这样认为。

奥哈拉：因为在《现代主义四重奏》中，在某个特定时间和某些特定条件下，你恢复了本是罗伯特·弗罗斯特或华莱士·斯蒂文斯甚至是T. S. 艾略特的一种感觉，因此那肯定不仅仅是非神秘化，对不对？它还是一种恢复，不是吗？

兰垂奇亚：关于文学作品，我想我们当中太多的人在我们谈它之前就已经知道我们要说什么，有时甚至在我们读它们之前就已经知道。在这一行业中正在进行着大量的预读。我看到研究生相当自然地从事这项活动。我认为还有许多预先阅读复杂形式。我不知道人们是如何使自己感兴趣而且不厌其烦的，你知道吗？这就是我提出神秘化问题的原因。

皮斯：这本论现代主义的著作，增加了把文学职业的成形作为批评解释的适当课题。通过把职业的成形转变为解……释的对象，你为文学职业的不同解释和不同的职业开拓了空间。对于目前过分关注的主题，例如多元文化主义，主体立场的多样化，其部分原因可能是排除了自我选择的方式或可能。如果你以一种封闭的职业增加各种承认被排除的主体的方式，你就不会注意什么在给职业造成麻烦，或者什么在给文学事业开阔视野。通过关注现代主义对他们职业的影响，你使人们注意到你自己职业中的不可预知的变化，以及这种变化为人们开拓的可能的视野，而这些人本来完全认同于文学职业罗致的种种规则，包括解释、文学批评和文学理论。实际上，你认为有另一种自我审视和自我投射的方式，而文学批评家习惯上再现他们自己的方式，必然会把这种冒险封闭起来。我的意思是，例如，它非常不同于作为一个意大利人的写作——而你不是意大利人——也不同于作为一个女权主义者的写作。我想说的是，你决不会完全认同于任何已经存在的主体立场，但这并不表明你所说的写作不会产生与某种立场认同的效果。在我看来那是……

兰垂奇亚：这是一种冒险，并且正在发出一种挑战。它是说你不必固守于这些立场。

皮斯：但是，你知道，有多少业内人士会冒险。与此同时，它还打开了似乎同样是冒险的种种可能。

兰垂奇亚：那么，让我问问你们俩这个问题。你们认为，文学批评会发生什么情况？它目前的状况和今后的走向如何？你们认为它会走向何处？气氛会有变化吗？我的意思是，我们过去五六年间一直听到的东西——是否在逐渐削弱？

皮斯：我认为，正如我们所知道的，文学研究已经进入了非此即彼的空间。按照我对多元文化主义的转义的理解，它仿佛命定地在生成一种从文学到文化研究的运动。我理解你要说的是，你不一定参与那种运动。你可以发展一种更具包容性的文学研究，从而你不必坚持把注意力从文学制品转向文化客体。我的意思是，你用以说话的方式表明，"我拒绝那种特殊的非此即彼的方式"。按照我对你的作品的解读，你是在拯救你职业开始时获得的某种感受，并把它作为你通过写文学而变为文学作家的动机。

兰垂奇亚：这话很有意思。

奥哈拉：我同意这种观点。我认为那是对你正在做的事的绝好解释。我对文学研究的感觉是，正如我们已经知道的，从制度上的意义上说，文学研究将基本地消失，在大学范围内取代它的将是——不论它称作文化研究还是多元文化主义还是什么别的东西——以事先确定的身份为名而预设程序的计划，不论这种身份是性别、种族还是不那么明显的阶级。事实上，我希望多做一些阶级的分析。

兰垂奇亚：我也这样希望。

奥哈拉：如果能实现这一愿望，尤其在文学批评以及经典作者方面，那是非常有意义的。而我认为那是即将出现的情况。这种身份政治正在被制度化，而且我认为将被进一步制度化，因为至少许多学校里的行政管理官员——我知道在我的学校——都对购买那种商品很感兴趣，原因多种多样，有些是好的，有些也不尽然。结果，为美学、文学或者你所说的"审美乐趣的耻辱"发表意见，就变得越来越难。因此，你正在做的事情，我认为为某些人提出了一种选择，他们依恋那种乐趣，认同于那种乐趣。你可以放手去做。但在机制内结果如何，我并不乐观。

兰垂奇亚：那么，你是否认为我们是在走古典研究的道路？现在很少有旧的意义上的纯文学主修课，同样也很少有经典文学的主修课。难道我们是恐龙吗？

奥哈拉：我认为情况大致如此，至少对研究生是如此。教本科生的情况不同。我的意思是，当你教本科生的时候，你仍然在教他们。但对于研究生，无论是我的学校，还是其他学校，他们知道他们必须接受这种路线，认同于这种路线，也许会永远抛弃那种建立一个项目所需要的潜心阅读和学术研究。相反，他们寻求一条路线，寻求一种已经绘出的学习过程，因为他们必须进入职业市场，进行激烈的竞争。他们知道，在研究生学习期间，他们必须不断地写作、写作、写作。因此我认为，只要那种情况占据上风，它就会鼓励那种先在的思想，先在的阅读，先在的计划，而不是鼓励探索。

兰垂奇亚：是的，你一定说的是许多研究生，包括我在杜克大学遇到的研究生，我认为你所描述的情况在全国各地一定都一样。

皮斯：但也存在反对的压力。

兰垂奇亚：但是，如果这是真的，如果丹尼尔是对的——我相信他是对的——如果对研究生的现状我们说的是正确的，那么谁来教本科生文学作品呢——你知道他们很想阅读文学作品？如果我们死了会出现什么样的情况？这就是问题的所在。

奥哈拉：那是一个非常重要的问题，我认为那就是为什么唐纳德考虑你目前所做的事情以及其他反对的压力，以便表明这不应该是唯一的方式，尽管它似乎是唯一的方式，尽管在目前它似乎是唯一的方式。

兰垂奇亚：这次谈话将被反对派看作是一种赞颂，你知道吧？

奥哈拉：噢，不论如何，批评家有时在文化上也是保守的。这不排除政治上是自由主义者，经济上是社会主义者，对吧？

兰垂奇亚：是这样。在他们说我们之前我们也可以把这些说出来。

皮斯：但我不认为……

兰垂奇亚：什么是反对的问题？

皮斯：我不想以那些术语来表达它。这次谈话的力量迄今已经产生了效果，它可以称之为一种象征的机制，这种机制重新构成了某些立场，甚至像它已经表明的那样，这些立场正在经历深刻的转变。你不再是一个解释者，而是成为了丹尼尔和我解释的主体。在你先前的作品里，你保持了一种解释者的立场，而现在这种解释者同时变成了解释的客体。在我看来，它进入了循环，对本来已经处于危险之中的人仿佛是生存者的手册。你已经否认了那种认为文学注定死亡的主张。按照我的理解，你的核心主张是：文学是社会生活和社会变化的一部分，而且是至关重要的部分；它是文化深层的组成部分——我们可以称之为推动力量——不论文化被认为是少数人的文化还是占据统治地位的文化；文学渗透着被作为文化的各个方面。你没有使文学屈从于文化研究，相反，你重新激活了文学的动力，同时激活了变化的观点。以你所做的和你所体现出的，你自己已经发生了变化。你的变化是通过适合以前曾是你主题的那种文学形式达到的。因此，你没有说那种被认为是回首过去的颂歌，而是重新聚焦于被过早地说成是已经死亡的东西，即促进历史、政治和社会变化的文学力量。

兰垂奇亚：我希望你是正确的，唐纳德，你知道这点。

奥哈拉：是，我也希望你是正确的。

兰垂奇亚：而你，唐纳德，你是我们三个人当中最乐观的。你说的话非常有说服力，我当然希望你对我作品的看法是真实的，尽管眼下在这个房间里你以一比二的票数而失利。但是另一方面，也许我和丹尼尔因悲观主义而在这里只是重复许多关于文学研究的终结的言论。

皮斯：但是，我认为这并不是循环重复，因为我不相信任何非此即彼的问题。你的作品完全超越了影响身份政治的分歧，因此你的作品把文学本身如何取代多元文化主义戏剧化了，而多元文化主义意味着要取代文学。所以，我认为不能把你的作品说成是拒绝讨论多元文化主义集中讨论的那些问题，那也是为什么我认为非此即彼在这里并不适用的原因。在文学被种族、阶级和性别问题取代的每一个地方，我看到的是一种对身份的坚持不懈的多种描写。从那个意义上讲，你的作品介入了当前文化论争的每一个所在。它在说，"你向我说明为什么我必须放弃文学。为什么你所在做的事情更符合历史观点，而这个自我以这个句子发生作用的东西不符合历史观点？"就此而言，你的作品是一本自传……

兰垂奇亚：……是一个文学批评家的自传。

奥哈拉：是的。

皮斯：是的。

兰垂奇亚：确实是。我想这本书会让你和丹尼尔看到这些东西，应该如此。外界的读者各种各样，但他们通过这本书会得到各种收获。

奥哈拉：我喜欢丹尼尔的解读。我的意思是，那些自称是多元文化主义者的批评家，毕竟也相信文学有某种作用，他们确实在自己的语境中写关于文学的批评著作，赞扬某种性质的文学作品。但是，他们认识不到你在经典作家作品中发现的那些描写、再现和动态变化，而你在自己的作品中却对这些进行实践。因此我想丹尼尔是对的，他指出，你通过文本——你已经写出的文本——的运动变化，抵制了向这种或那种东西的物化。

兰垂奇亚：事实上，在文学作品里，尤其是在经典文学作品里，所有多元文化主义感兴趣的问题都可以找到更有力的、更令人难忘的表达。你不必到别的地方找政治。另一方面，文学的政治方面，所谓的政治方面，近来又是一种被过分夸大的现象。

（李宝洵　译）

与大江健三郎的谈话

史蒂文·布拉德伯里（英译）

大江：罗布·威尔逊，你是在夏威夷大学教授英国文学的执著的日本和韩国问题观察家。你的书《美国的崇高：一个诗歌流派系谱》刚刚由威斯康辛大学出版社出版。几年前，一次在厄湾的加利福尼亚大学举行的会议上，你发表演讲过程中，我听你朗诵了从你书上摘选的片段。当时书还在手稿阶段。你有关原子能崇高的概念给我留下深刻印象，于是当我回到日本之后，我把这一概念介绍给这里，尤其你必须讲述的关于广岛的那部分。完全是偶然，哈罗德·布卢姆的《毁灭神圣的真理》一书的日译本当时恰好问世，于是我就写了一篇回顾这本书和其他书的批评文章，在这篇批评中我探讨了你的作品。我写道我认为联系到原子弹或广岛，日本人可能很难理解这种崇高。不过，我能毫不费力地看出你的崇高的概念与弗洛伊德的"不寻常"有着密切的关联。我当时就想知道，预计在此地的国际比较文学协会会议上你将会发表演讲，你是否会介意讨论你有关崇高的概念。

威尔逊：与其说改述弗洛伊德和康德的错综复杂的问题群，倒不如说，经过把哈罗德·布卢姆的美国崇高的模式加以比较和拆卸，我更接近于原子能崇高，而布卢姆的美国崇高的模式是许多父亲和儿子们的基本精神性欲模式。这位诗人，宁可在能力的束缚中去勇敢面对强劲的竞争对手，而不愿面对他文化的素材技巧。对于惠特曼，对手是爱默生，而对于迪更生，有惠特曼；你知道，这种全部的系谱。连同布卢姆对爱默生的想法，流行着一种诺替斯教的政治，主要阐述美国地缘政治与一种诺斯替教的合并，也就是说，一种否认具体化和否认历史，有些超出人类经验的唯我论。就我的理解，美国的崇高是一处风景中的物质化的体现……记得托马斯·科尔或腓特烈·埃德温大教堂是尼亚加拉瀑布般的风景，崇高意味着无论现在还是将来，都是国家威力的体现。因此，崇高是巨大国力的标识。然后，在19世纪，这逐渐换成了含有科技实力偶像标志：主要是蒸汽机车，在接下来的20世纪是发电机，亨利·亚当的发电机。我开始从事的后现代主义的观点，实际上依靠的是核子网络和美国国力，地缘政治学的威力通过这个系统网络具体表现为核威慑与核武器。换句话说，不知怎的以一种被神圣化的方式大规模储存核武器的情况出现了，这一方式为抽象概念物体化，不适合与某些不错的国际力量谈判。因此，与其仅仅继续使这种崇高追随倒退回康德或弗洛伊德的概念中，这正是利奥塔或布卢姆赞同的那种方式，倒不如我去努力给这种崇高在一特定的文化建设中以合适的位置，再去说明如何把它应用于地缘政治学。在当前国家危机的环境里，我面对着爱国者导弹这样的问题。这种武器在波斯海湾战争中的使用，体现出美国高科技的优越。它是一种精神化的象征，是一种强国的公开展示；使得国民不知何故去相信美国依然具备这种强大国力，原因是拥有这些威力强大的武器。即便这些武器是跨国生产的，即便这些武器的使用是违反道德的，它却莫名其妙地作为一种象征，一种国力崇高的形象而广为传播。让我们暂时谈到这里。这有帮助吗？

大江： 厄湾会议之后，在海湾战争期间，我很想知道你是如何考虑这种崇高意识正在发生变化。现在我想你已经谈到了那个问题。你作品的特点之一就是这样的,尽管它深深扎根于美国传统文学,但它总是掺入一些新文化的形式。举例说,你把壮观的托马斯·科尔或是艾伯特·比尔斯塔德特配之以像《罗博科普》这样的电影所采取的方法。我发现你讲话中的逻辑性非常有趣。有关海湾战争的电视报道给我的印象是这场战争确实是体现崇高的事件。然而,实际上我所听到的却是,围绕建造起这些崇高景象的高科技机器和高科技武器,其使用率仅占海湾战争实际武器使用的大约25%,剩下的75%则是准确率低得可怜的常规武器。由此可见,就算高科技武器的准确率可以达到90%,而常规武器的准确率通常大约为20%,这就是说总体的准确率大概只有60%。这就是为什么如此多的苦难会降临到伊拉克平民百姓头上的一个原因。因此,事实是非常片面的。事实上,所有应用在电视报道上的攻击内容的连续镜头完全被限制在高科技武器上。我认为有关战争的电视报道事实上是体现美国崇高的新闻报道。与此同时,我有一种感觉,那就是,由于这些规模毁灭的景象而有所删除的这一新闻报道背后,隐藏着某种事实。然后,在另一个记录中你在别处提到,你看到凸显出新的崇高的形式,它们与被威廉·吉布森称之为"电脑空间"的情况有联系。我理解以你的方式被你当作自然发展的这种联系。

威尔逊:是的,我很高兴接受它,但我正想要说,我认为你是正确的;爱国者导弹是约束事实的崇高出众的偶像。换句话说,它是由概念构成的崇高。爱国者导弹可以被伪造并可以从许多方向加以摧毁,它用在了这场战争最为至关紧要转折点,但在马萨诸塞州安多弗的雷西奥恩工厂布什的演讲会上,爱国者导弹是鼓动人心的偶像,用来说服美国工人、美国士兵和电视观众,他们所做的不仅是科技上的优势而且还口授了通过道德解释的武力的使用。因此,我赞同你对此事的分析。至于"电脑空间",它正显现出来跨国空间内景化的无限范围,这一范围是由数据总库、高级金融和《Mondo 2000》里心情愉快的牛仔组合而成——确实酝酿着崇高。在冷战后的环境下，这种崇高正在进行转换与融合，因此文化理论必须跟上这些科技的变形，而不是转向鲍德里亚德。

大江：今天（1991年8月28日）苏联宣布解散苏联共产党。我想听听你的想法，对于苏维埃宪法的崇高与美国的崇高有何种不同之处。例如，在斯大林统治下的苏联是这种崇高统治体的典型例子。但是，我认为今天所发生的事例说明了苏联崇高的丧失。你知道，就在戈尔巴乔夫软禁在家的三天时间里，军人集团掌握了启动核武器的黑盒子，不然无论它怎么样，他们都动用他们的核打击力量。核武装过去曾经常用来概括今日世界中的崇高，但当军人集团的将军们真正控制了这些武器，他们发现，很显然，无法把它们部署在任何地方。我认为，在那个问题上你为在苏联内部发生的核崇高的崩溃作出了明晰的说明，但我认为我们今天所看到的正是整个意识形态系统的崩溃。因此，你对苏联关于崇高的构成，是怎么想的呢？

威尔逊：是的，我认为那是一个很好的分析，我想有关苏联的问题，是他们没有"大型购物中心"的崇高。"大型购物中心"的崇高是后现代的例证；它代表日用品的无穷尽。而且这正是美国和日本所具备的。在单一信仰体制下表面统一的苏联，曾经有巨大的空间和广阔的国土，然而它却崩溃了。令人惊异的情况是，美国由于异质的多种族运动，似乎也要崩溃；但事实上，我认为，唐纳德会同意的，对于波斯海湾战争，难以置信地存在着一种瞬间的共识，这种共识本是神经质的，因为人们愿意去迷信美国观念，并愿为之献身。

有关苏联的崇高——我确实没有足够发言权。但是对比美国和加拿大的崇高，你也许会认为它们有相似之处，但我并不这样认为。例如，看一下玛格丽特·阿特伍德，在她的作品中感觉到的加拿大的崇高，则是有过创伤的崇高。美国人希望走出去进入广阔或空旷的空间，去体验空间的广度；而加拿大人的精神却被外部空间禁锢住。因此空间就是威胁，社会本身被堵塞在内。然而美国人，如塞尔马和路易丝，在最近的那部影片中，在西部沙漠体验到某种愉快：刚好穿过州与州之间的公路，是一种愉快的体验。我觉得我考虑美国崇高的思路局限在了美苏两极上面，然而对苏联打造崇高的一知半解，使我不足以就此评说。但你是绝对正确的；它是自我毁灭的，但是我至今还不完全认识为了美国自身建设的全球性后果。

大江：唐纳德·皮斯，我第一次见到你是在厄湾会议休会期间，在三好将夫家中，也许是在同时，我见到了爱德华·萨伊德，我记得不是很清楚了。我对你的批评产生了兴趣，因为尽管你明显地恪守同样规范的传统，甚至比罗布更胜一筹，他潜心于亚文化的建设，你似乎同样关注后现代文化形式，这些形式与当代政治有着根深蒂固的联系。会议结束之后，我曾多次试图去找到你的作品，但未能如愿，因此我很感谢你今天早些时候带给我的这本《观念组合——文化语境中的美国文艺复兴作品》。通常情况下，在我采访一些作者之前，我会设法去阅读一下他们的作品，然而这次完全是时间不允许，所以只是浏览了一下。然而，我注意到，在书的开始处，你引用了威廉·布莱克气势宏大的预言作品《耶路撒冷》中的一段话。要知道，最近两三年里，我绝对只读布莱克的作品——我想你会说我是布莱克的狂热爱好者——在我其中的一部小说中，我甚至只引用同一部作品，即使引自稍微前面一点的篇章，书中两个幻想的人物形象反映了记忆和才智有这段对白。你的引用行——开始处是"并且，在幻想的戏剧形式中，他们在一起交谈"——完全抓住了这一篇章的语境。但是，无论如何，虽然我有机会草草浏览了你的书，但在我看来，在罗布有关崇高的想法与你在作品中提到的"幻想"

之间，有着一种联系。我认为你的幻想的想法更容易领会，因为它似乎跨越了民族文化。然而罗布有关崇高的想法则似乎与美国民族性格更加息息相关。我期盼着你将在这里演讲有关"广岛、越战回忆和海湾战争"，我认为你将在包含政治和文化的高度，把崇高与幻想联系起来。我很想知道你能否会在提前就要讨论的话题说上几句。

另外，我同样感到在你所称的"民族叙事"和罗布所称的美国的崇高之间，存在着一种联系。既然民族叙事是一个非常重要的概念，并且被日本的作家和学者所完全忽视，我倒也希望你能涉及一下这个话题。

皮斯：你说的对。我确实感到崇高作为一种转义对民族特征的修辞至关重要的，但它对我所称的组合发生对抗作用。就是说，崇高的转义妨碍美国公民体验他们自己的能力，好像他们是处在形成过程中的一些群体，这个过程与本地区和更大的集体同时发生联系。我也相信，对崇高的强调，是以其他政治或社会的分类为代价的对个体需要的再确认。综观我给你的那本书，我的观点是，从崇高的角度去建构民族性格的冲动，与恢复我所说的公民之间的批判性的"相互关系"的反冲动，两者之间存在着一种辩证的关系。

大江："而且，他们以梦幻般的戏剧形式共同交谈"。

皮斯：按照赋予崇高以特权的基本原理，我认为应该考虑其他民族叙事的价值，它们从根本上脱离大英帝国，或称作"革命"，或在民族文学中坚持再现革命。这种评价唤醒了对崇高的需要和对完全独立的渴求。革命的冲动也产生了普遍的危机状态，由于这种状态，纳撒尼尔·霍桑和沃尔特·惠特曼以及赫尔曼·梅尔维尔等取得了不同程度的成功，他们力图通过崇高恢复布莱克所称的"雷鸣般对话"。就是说，他们没有失去崇高的冲动，但把这种冲动等同于唤起另一种崇高的反响的愿望。通过这种唤起，他们重新发现了我称之为集体记忆的东西，若非如此，这种记忆在崇高的实例中便会消失。由于这种崇高突然出现——仍然像革命的转义，或对冲击的修辞比喻——它破坏能够产生难忘形象的再现方法，以及与友谊与社会集体相关的价值。因此，就这些作家对他们作品的理解而言，由于民族叙事的要求，我认为再现那些叙事的偶像就需要崇高的主体，但也需要大众的主体。这些主体之间的关系通过核武器的科技被披露出来，并通过它大规模的灭绝能力，确认民族特征承认它自己独立于其他的崇高。

在我即将呈交给东京会议的那份论文中，我认为，对广岛的大规模灭绝的官方表述，在战后时期，深深地卷入了美国民族崇高与苏联民族崇高的论争和构成。这场全球斗争导致互相伪造主体的立场，被称之为威慑的话语。这种虚假的话语，其原因始于对广岛所负责任的错误认定。威慑不是把对广岛的责任归因于美国的军事政策，而归因于预料中的苏联核攻击上。

在整个战后时期和冷战的四十五年期间，美国"原子外交"的基础是全面否认在广岛使用原子武器的责任。由于把那次使用归因于苏联预期的对抗反应，相互威慑从一开始就是国家辩护的一种方式，即广岛事件并没有发生，而是只在可能的未来发生（美国处于广岛的位置），即还没有发生。我认为，海湾战争对这种否认重新构成了一种壮观的阐述，它通过在海湾沙漠上构成一个场景，使人想起在阿拉莫戈多沙漠最初的核试验场地，并以大量的景象解开导致广岛事件的实际历史事件。关于海湾战争的具体想象需要抹杀冷战的历史——从广岛到侯赛因。布什在萨达姆·侯赛因身上发现了生产热核武器冲动，因此确证了一种无事实根据的历史叙事，在这种叙事里，现在是萨达姆·侯赛因而不是美国必须对"第一次核打击"负责。在这种无实际根据的幻想中，作为美国崇高象征的战略防御计划（SDI）取代了核武器，它力图找出并摧毁萨达姆·侯赛因的热核装置，避免它投入使用，以此消除对冷战四十五年的记忆，当然也包括广岛。这一分析的力量依赖于利奥塔所说的对威慑话语的"争论"，或者"越战老兵"所表明的一种修辞。这些老兵不可能被那种以相互威慑为基础的民族叙事同化，也不可能表明一种在美国没有冷战情结支持的生存方式。

大江：听上去像是原子弹受害者或日本原子弹幸存者或是老兵们的问题，如果你愿意那样说的话。

皮斯：是的，在美国的越战老兵就相当于在日本的原子弹幸存者。就是说，越战老兵是一个形象，在体验了残暴之后，不可能去体验一种似乎与民族叙事一致的主体立场，相反，他们体验的是一种脱离了民族时间的自我形象，这种形象处于一种需要选择记忆的选择性地位，对国家的官方记忆进行批判。

大江：把你的想法与罗布的想法结合在一起是非常启发人的，而且我认为你提出的关于美苏互相威慑的观点绝对正确。日本人同样也受到很深的影响，但就核时代的问题而言，我认为日本人还没有自己独特的见解。即使日本曾经历过"核攻击"，日本人对于广岛事件的理解——公众对这一事件重要性的评估——还是相当的模糊。而且我认为这种模糊的来源在后来已经变得相当明显：直至今日，日本人还觉得，因为广岛事件，他们才能勾销他们对战争的责任和在战争中的行为。但在最近几年，其他亚洲国家的人民已经开始发表见解，尤其是在韩国，人们说："听着，广岛事件并不能免除你们在战争中所犯的罪行。你必须把广岛事件和日本的战争责任联系在一起认真加以考虑。"现在，甚至一些日本人也都开始这样反思。

但是总体来说，在日本，公众和政府都深受威慑理论的迷惑，因此从未想到广岛事件可能是他们自己造成的。换句话说，由于日本人战争期间在亚洲所犯的罪行，他们从未想过走出美苏威慑的框架,甚至在核形势方面也是如此。相反,他们自己对日本人加入联合国维和部队非常全神贯注,因为某处可能会发生另一场战争,或某处可能会有另一个萨达姆·侯赛因突然崛起。日本政府真正坚持威慑理论,并在美国领导下积极参与维持世界秩序,考虑如何投入自己的金钱、武器和人力。日本真的需要停止这样做。我们必须开始严肃地看待无论是过去还是现在日本的行为。就此而言,我认为我们必须相信韩国人、中国人和其他亚洲人民针对我们的批评。例如,几年前,有一队中国代表团,其中包括一些相当卓越的政府领导人,以官方或可能是半官方的身份到访日本,他们曾说过:"我们可以憎恨日本军国主义,但我们并不恨日本人民。"尽管如此,在这个相当乐观的和睦表示后面,曾出现过对战后所有遗留在中国的日本孤儿抱敌意的阴影。正是从这样隐藏的敌意迹象里,日本人现在应该开始反思他们在亚洲的遗留物。唐纳德,多亏了与你的讨论,我开始对这个问题有了更新的透视。

你不认为日本人的群体心理状态与美国人的群体心理状态有很大的不同吗?日本人总觉得必须形成这些独特一致的群体,甚至当他们没有明确动机去这样做的时候也是如此。日本人总觉得他们的文化重视群体,重视集体和统一性。但是现在这种心理状态陷入了危机。毕竟,目前的日本充斥着大量外国人,并且甚至日本人也开始考虑这样一个事实,即他们不是纯系的种族。事实上,我认为我们已经涉及问题的焦点,就是说,对日本人至关重要的是,他们必须开始认真地考虑关于日本的崇高和对日本的整体看法。

皮斯: 我同意,这种威慑的对话是一种系统地产生在伦理上不负责任的行为。我同样也认为,官方把波斯海湾战争再现为冷战叙事的结束的主要动机,需要威慑的"表征",仿佛它的效果是冷战的过去和衰落,是一种官方的选择,是把"全球监视"

作为美国和世界其他国家的正当关系。由于在海湾战争中使用的科技"证明了"国家防御系统的正当性，这场战争使人们更坚信为了布什的世界新秩序，国家防御系统已取代了相互威慑的作法。结果，国家安全状态——美国在和平时期动用只在战争时期才应动用的防御系统的确证——本身已经调换成面向全球的监视原则，并被理解为转换到美国的跨国安全状态。我预测，美国现在先把冷战作为世界新秩序的政治无意识，然后把威慑理解为一种无疑已被替代的政治话语。我与之相关的怀疑是，缺少了官方国家的他者——它的政治激励总是已经受到威慑——美国作为未来的跨国安全状态的代表，将变成一种内部分裂的政治力量。苏联的"他者话语"曾经写成了过去五十年的威慑契约，而随着苏联的消失，美国把自己先前的冷战身份和以前苏联扮演的角色（"国家的他者"）全都内在化了。这种内部的自我分化，注定在将来会再生出一种自我欺骗的话语。

就群体概念而言，在阅读你关于日本双重身份的文章时，你的中心与外围之间的必然关系的见解，深深地吸引了我，不仅因为日本人民构成一种被理解为日本身份的集体自我表现意识，而且还因为出现在国际会议中的一种有选择的构成。我认为，你对日本双重身份的描述——它希望被作为第三世界理解，因而作为外围军事力量，但同时又作为一个经济上的超级大国——这一描述揭示了我相信是全球每一个第一世界国家所固有的矛盾。你的复杂的战略的分析，即局部社会政治结构表示全球情况，构成了对未来民族国家之间对话的关键的干预。不过，我还非常迷恋在构成日本的双重身份中你对女族长和巫师的深入探索之处，以及你自己作为作家的双重身份。

大江：我写的这部小说叫 *M/T to Mori no Fushigina No Monogatari* 或称为《M/T和森林难以置信的传说》。法文译本是它以唯一完整的译文，但我听说《宏大的街道》马上要出版节选本。M代表了女族长，T代表巫师。要知道，在每一个时代，都会有人像女族长和巫师；而在历史上，这两种人总是被当作创造者或是创始者。在这部小说中，我努力塑造日本乡下一个简朴村庄的历史，它完全处于在民族叙事中被称为"日本"的对立面。在日本史学中——如果我可以使用这个术语——历史仅仅是从女族长或母系单一民族国家的观点出发建造起来的历史，她们的传统例子就皇帝。然而，我对史学感兴趣的，是女族长和巫师共同起作用的产物。但是我认为这种历史观没有准确反映出日本文化的传统理念。[笑声] 作为个人来说，我非常感谢人们能对我作品中的这方面感兴趣。

就你刚才说的，唐纳德，我觉得知识分子的角色至关重要，他们以批评的视角影响民族叙事，就像你和罗布在美国做的那样。而且，正如你指出的，如果考虑这些叙事的巨大欺骗性，这种知识分子的批评角色就变得绝对重要。在整个冷战期间，美国把自己标榜为对抗苏联侵略的自由世界的卫士，但与此同时，我认为，美国同样从许多方面试图对世界各国飞扬跋扈。尤其在60年代更是如此。不过，至少有一些反正统文化的知识分子，看出了美国政策的表里不一，因而便寻求某种替代的看法。我不知道我们是否已经进入另一个十年，在这新的十年，像你自己这样的一些知识分子，将不仅对美国政策进行更深刻的批判，而且对美国应当如何还将提供某些可选择的看法。

威尔逊：你问了有关电脑空间的问题。这里存在一种电脑空间的双重译码，因为我认为，威廉·吉布森和那些电脑朋克作家不仅是美国文化中富于想象的批评家，而且是跨国电脑空间或巨大数据库的生产和操作的批评家。这不仅是由于罪犯和黑客，而且还由于那些白领罪犯；换句话说，由于那些能把钱随意投放而不受约束的银行家。所以，这些作者以一种极富想象的形式提出了有力的批判。与此同时，关于嬉皮士知识分子，例如杰里·加西亚和"感恩的死者",他们把电脑空间用作一种大屏幕显示;换句话说,投射某些空间,虚幻的现实,从政治中消失——就像是外部边界:它已经消失,但美国人总是在寻找某种精神欢快的无限空间,对吧?就是这样。

另一种观点是唐纳德关于本地与国际的观点。唐纳德恰当地唤起了我们对跨国安全状态的注意,因为爱国者导弹尽管看上去不像是非常复杂先进的武器,但却是星际战争防御威慑武器的侧翼臂膀,对吧?另外,《纽约时报》认为,爱国者导弹图像的一个结果是:"许多人观看了爱国者导弹中途拦截伊拉克飞毛腿导弹之后,断言对于特拉维夫和利雅德有好处就必然对托皮卡有好处。"也就是说,我们不仅应该把爱国者导弹部署在我们的第三世界或是我们的国际环境中,还要现在就有这些新式武器,因为美国是制造这些武器的行家里手,而不是反弹道条约。这样一来,我们知道了那种观念,而且对我来说是令人震惊的观念,也确实令人震惊。另外有关局部的事,全球和局部,就是那种我认为是跨国诗人埃科·莫里塔的论点:发生作用的后工业化生产的逻辑是全球地方化,也就是说,全球对局部的干扰和滥用。换句话说,若要通过强迫接受在其他地方生产的国际产品从根本上改变——假定不是根除——局部文化,那么,夏威夷必须在别处设置一处大型购物中心。这基本上就是那个概念的意思。

大江:即使我们能够利用你们两人提出的批评概念,我也觉得美国作为世界上唯一的超级大国正在出现——我认为我们正看到这种情况在我们眼前发生——这种政治的加强将为世界其他国家带来麻烦。直至今日,美国至少都是一个有着某种自由的国家——活动的自由,改变自己的自由,等等。但现在听着你的叙述,我担心一旦苏联崩溃而美国成为唯一的超级大国,这种巨大政治实体的态势将严峻起来,即使是在美国,你们也开始看到这些自由的消失。

所以，我主要关心的是，美国的某些可选择的看法应保持活力，美国的含义应继续保持建设性的对话。当然，知识分子对于完成它起着重大的作用。至少我总觉得他们在这样做。我不知道，也许我错了，但我开始看到这种批判性的理性反思正在出现，例如，在《美国的崇高》和《想象的整体》两本书中。

威尔逊：正确。罗伯特·赖克的分析以及《国家的工作》一书，即在跨国经济中发展民族产品的观念，我认为是一个准确的思索，但他在书的结尾也提出了这样的论点：美国在象征方面上有着巨大的资源，就是说，在文化和经济方面对文化象征和国际交易有着高度的理解。并且，他引用了设在美国的各种智囊团的例子——大江健三郎、三好将夫和我都包括在其中的一个智囊团之中——包括在厄湾的批评智囊团——不仅是开发性智囊团，而且是批评的智囊团。因此，我认为美国人还有大量的未使用的资源可以使用，这些资源不仅可用于文化生产和产品生产——不只是武器——而且可用于国际环境中的批评反映。如果它不发生，世界就会有危险。

皮斯：对我的要求存在两个问题，这些包括冷战之后的公众的幻想，就是说，美国现在不是处在1991年而是从未来倒退回来，处在1945年，重新又是第二次世界大战结束的时候，而冷战还从未发生过。伴随这种幻想的是同时沉默的要求，作为冷战消除的后果，作为在其建设中产生的焦虑和恐惧的后果，在对那种消除的补偿中，它要求美国人民再次变得对事物不加批评，就像20世纪40年代末士兵们行军回国时美国人民所做的那样。多种欢迎回家的理由并不单指士兵从波斯湾返回。按照脱离冷战对抗的国家构思的假想，这个国家正在从四十五年的战争中返回。在回国庆祝中反复显示出来的东西表明，这个国家在按照苏联那种壮观的方式来展现冷战的结束，就像苏联人在八月份的大规模游行构成了他们展现冷战结束的场面。无论是波斯海湾还是苏联发生的"未遂"政变,都应当被看作是促成一种现象的景观,而这种现象本来被看作是纯粹的想象,即一个时代的结束。在对抗这种国家的公开展示中,其他力量同时从压迫性的冷战机制的结束中释放出来,这些力量必须进一步加强。随着海湾战役,对政治正确性的批判在校园里出现,这是保守派精英在美国校园里制造与冷战时期相同的检查的强化的努力。不论什么时候,只要取消像冷战时期那种大规模的检查以及强化它的那种国家安全体系,先前未表现出来的社会政治力量就会被释放出来。为了继续限制"文化精英"理解为无政府主义和无约束的能量,随着波斯湾的胜利,政治上的右翼分子在全国大学校园里发起了一场反对持批判态度的知识分子的运动。这两股力量在相互联系中发生作用,反对大江所呼吁的那种对立的批评立场。为了有效地反对这种保守的策略,全世界的知识分子必须有一种系统的对应策略。

大江:我第一次来美国的时候,对我进行采访的是美国海外广播电台……

威尔逊:是美国之音(VOA)。

大江:是的。他们在采访中所问的问题之一是:"你希望在美国学习什么?"对这个问题的回答是:"我希望学习有关多样性。"这确实让我从日本大使馆带来的同伴感到为难,他对我说:"得了吧,大江,你怎么变得这么油腔滑调的?"你知道,美国之音的口号是"多样性是力量。"[笑声]但是,说实在的,我真的对学习美国的多样性很感兴趣。

我在纽约适时地看到了归国游行(为海湾战争),像你唐纳德一样,我当时非常吃惊。我也为这样的情形所吸引,即祝福者当中没有出现任何学生或知识分子,至少我没有留意到有。我得到的印象是,这一事件并不面向所有的美国人。但我确实看到了退伍军人,他们来自每一场美国可想象得到的交战,来自越战,来自海湾。因此,给我的印象是,这次归国游行是其中的一次公共仪式，旨在向所有战争退伍军人提供一次证明认可他们的机会。

就在我观看这次游行的时候，我想起了四国我长大的那个村庄。你知道，不久前，在敬奉祖先的仪式中，突然出现这种蜂拥激动的场面。很显然，其中一家村民遭遇了某种灾难，他们来到在人鬼之间传递信息的巫师那里，她声称这家人三代祖先的亡灵返回，嘿，他们不安宁。于是，这家人采取了任何他们所能采取的步骤来超度这些亡灵，但事情只有变得更糟。于是他们又去寻找那个中介巫师，但这次她发话说是四代祖先的亡灵返回，他们得不到安宁需要有人来超度。所以然后村庄的许多家庭都有几分把这个当作是一个线索来举行一个全村祭祀活动以超度所有的亡灵返回那个不为人知晓的阴间。无论如何，当我观看纽约的归国游行时，我明显地感觉，这次游行与超度仪式有相似之处——这一景况用来安抚历次美国参加的战争的那些得不到安宁的战争亡灵。

真的，多亏了你今天的这些点评，我开始对作为一种现象的政治正确性有了更好的理解。但是，美国人对日本人的感觉确实非常令人难以置信。其中一种观点认为美国人与日本人是相同的。你可以经常在亚文化代表中找到这种观点。例如，他们说"看看纽约流行的，它们全都是东京的最新时尚。"纽约和东京总是令人觉得可以互换，有人持这样的观点，从文字的角度来看，这种观点同样被滥用，还有人认为，日本的先锋派文学与当前在纽约人们写作的东西之间实在没有什么区别。我认为他们不仅仅是产生了误解，而且整个看法都与多样性精神背道而驰。另一个流行的神话，所有人——日本人和美国人相似——似乎都认为世界上最紧迫的问题是美日之间的经济对抗，这一情况让人耿耿于怀。商界和产业界以为经济对抗对于其他国家来说也是最为紧迫的问题。我认为官方政府同样也持这种看法。我自己对这个问题考虑的是，该到了日本结束把经济问题放在美日关系的中心的时候了。尽管经济的重要性是毋庸置疑的，但是，日本人应及时认识到未来最紧迫的问题将是美国文化的问题。

威尔逊： 我能在这里插入吗？因为，所谓美国文化和全球资本的相互作用，在某种强有力的相互联系中确实包括美国和日本，那就是所谓日本的好莱坞的入侵；换句话说，甚至美国——生产武器和全球监视——它们也通过电影控制着霸权性的自我表征并操纵着全球性的叙事，虽然日本似乎已经根据本地的生产放弃了这种电影。然而另一方面，当有人问及索尼公司的董事长森田为什么收购哥伦比亚广播公司时，他说："现在我们已成为世界上最大的音乐软件制造商，而且索尼是最大的视频硬件公司。那为什么我们不能有视频软件呢？"现在我想提醒注意这样一个事实：这个最大的软件和硬件制造商，最大、最大的，无疑是美国崇高的转义，换句话说，就是霸权的转义。所以，它仿佛是文化中一种通过日元力量的奇特的相互作用。

我仍然想回到广岛/珍珠港的事实。我住在夏威夷，好吧，那就是珍珠港的所在地，现在已经过去了五十年，我注意到各种不同的争论，而一直在使用的基本转义是：我们美国人可以忘记和原谅广岛事件，但却不能忘记和原谅珍珠港事件。这两者似乎总是相提并论。檀香山市长说过："我们可以邀请日本人来，只要他们忏悔自己的丑行"等等，这样，两个国家都以某种方式拒绝忘记珍珠港/广岛。我不知道大江先生是否可以就此谈谈自己的看法——如何考虑那件事。

大江： 我觉得在整个冷战期间，无论在日本还是在全世界，广岛在这种语境中都承担了一个特殊的角色。当然，冷战指的是核毁灭的持久威胁。因此，我认为，考虑到另一场核战争的可能性，广岛本身——更不必说广岛的原子弹受害者——由于实际上遭受了核攻击的苦难，所以呈现出这种特殊的重要性。

但是，后来冷战结束了，现在越来越多的人开始认为不大可能发生一场全球性的战争。与此同时，作为核崇高的广岛形象也不再那么坚持。对广岛的理解正变成多方面的，甚至加上了日本军国主义时期所犯的罪行。实际上，广岛本身正在变成日本在军事统治下所犯战争罪行不可分割的构成部分。我想，从今年批评争论的焦点集中于广岛问题就可以看出这种倾向。我认为这是一种好的倾向。

但是，就日本人对珍珠港事件的理解而言，我认为你无论如何都察觉不到广岛的构成力量或复杂性。一般日本人都把它当作一次相当简单的事件。他们可以把它看作是一次战争罪行，但那是就其本身而言的。它只不过是历史，并且，无论如何，由于输掉了那场战争他们也算是进行了某种补偿。当然，美国人并不认为日本人进行了任何补偿。我认为，对日本人来说，现在最重要的是，他们应该以他们看待广岛的同样的复杂性、同样的多角度来看待珍珠港问题。

我认为，日本人还没有从根本上反思珍珠港问题，而对于南京的暴行，我觉得日本人根本就不愿意谈论。我认为任何正直、明智的人都会为此感到罪过，但正是因为他们感到罪过，你才会发现这些坚持说南京暴行从未发生过的人。虽然大多数日本人拒绝对此发表意见，但我认为，南京暴行至少在一定程度上是那些多方面的问题中的一个，无论如何，南京暴行不能轻易地像珍珠港事件那样来理解。

皮斯：我认为在这次谈话的整个过程中，无论什么时候我们一提出像广岛、珍珠港以及南京大屠杀这样的话题，它们总是构成一些与重大事件相关的时刻，这些事件的含义非常重要，几乎无法以单一的叙事方法来描述，也无法归诸于个人的责任；这重新恢复了对美国崇高的需要，但只是作为一种回避。每次提出这样的一个话题，我总是主张一种多方面的叙事测绘，正如你所说，目的是为了同时涉及所有的力量和所有的主体，而作为这种重新修辞的后果，批评的责任将取代威慑或相互回避等对这种问题的传统态度。但是，既然这些话题本身反对这种情感结构，那么我就不妨回到文化问题，它和丰盛的食物一起放在桌面上，但不包括其中的某些食物。我想开始谈这个话题时，把《吃油煎香肠》故事中的一个人物与霍桑故事中的一个人物联系起来，更具体地说，与先于《红字》的一部小说的序曲联系起来。在《吃油煎香肠》的故事里，我注意到，故事的主角发现自己被童年时的一位叔叔召回到过去。这种自发的回忆，部分原因是他在就餐过程中身体的姿势以及发出的"嗨，嗨"声。这个主角发现，那种姿势和位置并不是他自己的，而是属于另一个人，但此人现在只存在于他对过去的回忆中，存在于把他召回到过去的那个人的身上。在这种令人惊讶的转换中，你，大江健三郎，不可能被描述为记着你的叔叔。相反，他把你召回到另一个时间，召回到他自己那里，仿佛他这个人唯一保留的生存方式是通过你的小说《吃油煎香肠》。霍桑有一种类似的写作的自我感，这种自我仿佛储存在个人习惯和集体生活之间的某个地方，就是说，一种处于回忆——有时是不知不觉的回忆——与包含其风俗习惯的整个群体的内心情感之间的偶然事件。在《海关》里，霍桑也觉得他自己仿佛被他过去的一些人物所记起，这些人物已不复存在，因此有赖于他的写作来获得文化上的生存。于是，他的写作本身变成了一种保持某种生活方式的方式，而这种生活方式本来已经完全消失，与其他从思想和文化中消失的精神、思想和情感的人物一起淹没。在你的文章中，当一些重要的话题出现时，如广岛、珍珠港和南京大屠杀等，我觉得你的作品好像是回忆一个人物的意义（不仅对日本读者），他以批评的方式联系到文化，而这种关系在时间中常常被人们忘记。

大江：我想你已经确切地辨识出在我的虚构小说中我想写的

是什么。我居住在东京,但是近二十年来,我一直迷恋于写我长大成人的那个位于四国的小村庄。在我的作品中,我想做的是重现这个村庄的风土人情,把它们从过去召回,给所有已经逝去的事物注入活力。弗兰纳里·奥康纳讲到"内心的习惯",这一个术语可追溯到圣·托马斯·阿奎那斯。但关键是:习惯——习俗——不仅扎根于个人,而且是与个人最深刻地联系在一起的东西。我认为,必须也把这些重大的话题——南京暴行、广岛、珍珠港——看作是个体习惯的一个问题。就此而言,我觉得你的话令人鼓舞。

与此同时,我认为有必要重新让个体的日本人接触到这些重大事件。但是,我认为,一旦我们清楚地认识到个体习惯,我们就必须把它们与这些重大话题联系起来,也就是说,要将总体看法和崇高联系起来。不过,我认为文学首先——而且最重要的——是描写个人习惯和个人叙事。

这里,我不知道是否我们可以对其他问题进行讨论?

威尔逊: 我能问你一个有关后现代日本的问题吗?我想,这种民族文化的分析对你们双方都是意味深长的。我和唐纳德在批评理论方面是朋友,希望了解批评理论在日本的传播情况。昨天,我与保罗·鲍威一同驱车郊外,他负责编辑《疆界2》刊物,当我们在充斥着各种符号的东京漫步时,我们被许多东西所吸引,还偶然遇到了这种称为"后水"的罐头。我们所说过后现代主义、后共产主义和后女权主义,还有其他的,但"后水"这个词给我以深刻印象,仿佛是一个富有意义的俳句。我们也漫游了西部百货公司——三好将夫推荐的——我们还到了一个叫作"后"的书店。

三好将夫和哈里·哈鲁图尼安编了一本非常有价值的论日本后现代主义的文集,出版后引起了广泛的反响,因此我们知道有《浅田低沉响亮的声音》与《唐谷低沉响亮的声音》这样的东西。唐谷告诉我，那种文化理论进入日本非常迅速，但他说，非常表面化。同样，法国的也进来了，德国的也进来了，你知道，那只是有些新型的文化时尚。但是，由于你是那种少见的人物，既是小说家又真正搞文化理论和阅读批评理论，你能够从国内和国际两方面解释一下文化理论在日本是如何发生作用的吗？

大江：这么说吧，对西方的文化理论日本人简直是有些疯狂。甚至有些日本理论家在文化理论领域里作出了独创的贡献，而且这些贡献可以与法国人在七八十年代所作的成就一比高下。说实话，这样的理论家并不多，但我现在想到了三个人。他们在日本都没有得到足够的重视，因为文化理论必须输入进来在这里赢得追随者。总的来说，日本人仍认为文化理论是某种从西方流向东方的东西。

但是假如你要问我，是谁在日本促进文化理论的发展，我必须说这基本上是翻译家们的工作。我的意思是，在日本，引进理论主要是把它翻译出来。每一次有新的理论引进日本，你总会发现有翻译家的身影站在一旁，或许相当的模糊，说也奇怪，他们享有与原创理论家差不多同等的地位。你还会发现翻译家容易不加区别地从一种理论转到另一种理论，转到这一领域最新的东西，所以你会看到一种快速循环，在这种循环中，一种理论经常被另一种理论替代。因为一切都必须翻译成日语，所以翻译家担当着这种有影响力的角色，结果大量的理论涌进日本，但具有反讽意味的是，这些理论从未被真正掌握。甚至传播者也没有在思想上掌握这些理论，大多数只不过起到翻译者作用。

现在我阅读批评理论已有 20 年了，但是，我对批评理论了解得越多，我越觉得对我真正重要的是日本名著和叶芝、布莱克、但丁等西方作家。仿佛这种新的文化理论本身已经与这种文学连接在一起，并创造出一个有机体，一旦它进入我的头脑，就永不离开。在这个意义上说，它将伴随着我，直到我生命的终结，我想你可以说，它就像在我身上扎根的一种癌症。

我认为，这种"后-"的现象非常具有日本的特点。他们喜欢这个词，正如你指出的那样，它反映了日本文化目前的某种状态。但是，你不能用"后"这个术语来对待小说。你知道，文学是你想表达某种经验时才做的事情，这种经验即使并未在真实的时间里发生，它仍然可能突然在这里或那里出现。就拿我叔叔作例子。他已经死了大约50年，但当我写到他的时候，我想……从某种意义上说，我在使他复活，他就在那里，和我在一起。因此，文学是这样一种艺术，它使某种行为或某个事件或某个个人在此时此地活生生地出现。从这个意义上讲，我根本看不出"后-"这术语何以能成为一个文学的范畴。正是在这一点上，我不得不与新文化理论的传播者分道扬镳。

威尔逊：我们非常接近唐纳德关于文学是总体想象的看法；换句话说，它保持过去的革命理想或潜力，此时此刻以一种重构的形式或一种批判的形式传播它们。但是"后-"包含不断地抽空现在和拆散过去，就像在高度发达的资本主义实践中那样。

皮斯：在对翻译者的描述中，我发现最值得注意的是，在解析文化的作用和大江以他的文学作品把那些已经消失的人物召回到现在的创作之间，存在着明显的差异。那种从自己的过去召唤文学的感觉，布莱克和叶芝同样有过。叶芝是爱尔兰诗人，他居住在一个他认为随时可能失掉过去的国家。我将做一个只有部分是真实的概括。在美国作家和你援引的人物——布莱克、叶芝、但丁（还有你自己）——之间，其区别是美国作家在所谓的美国文艺复兴的开始阶段，他们极力为一个他们相信没有任何过去（否认本土居民的存在）的国家制造一种古老或无法追忆时间的感觉。霍桑喜欢在常有人走过的小路上漫步，以便产生自己仿佛被人记起的感觉，这些人已经消失，但霍桑回忆他们的小路时他就可以再现他们。与霍桑极其相似，埃德加·爱伦·坡让自己经历国家失去灵魂的感觉，以便为这种不在的过去揭示一种存在的维度。综观他的写作，他展现了一种生存在古代世界的人经常出没的感觉，而这些人移民到美国后总是处于消失在民族健忘的危险之中。因此我想问你，当你自己作为翻译者时，在这个描述中哪个人物反对你作为作家的作用呢？你如何展现布莱克、叶芝和但丁而又不破坏你与自己的过去或与你自己的拟古主义的关系呢？

大江：这是一个很有趣的论题，但再次说明，我不是个翻译家。我只是从一些西方经典著作中引用了一些片段。我的小说所用的方法是，我从一部原文的西方著作里引用一个段落——例如从布莱克的《耶路撒冷》中引用一个诗节——然后把它改写或转写成我的日文。然后我再把它整个转化，以我小说的主人公的语言和意象使它人格化——如果你愿意那样说的话。因此，你看得出，这不是把一个文本从一种语言翻成另一种语言的问题，而是试图通过一种三角关系的过程传达西方文本释放出来的力量，传达一种能力，换句话说，在小说主角的思想里对它重新创造，在某种意义上说，小说的主角变成了由两种语言构成的三角关系中的第三方。这基本上是我在过去的十年里构成我的小说的方法。你知道，我写了那本关于但丁的小说。它描写这个人生活在一个小村庄里，完全拒绝去东京，并且声称，与东京相比，在精神上他更接近佛罗伦萨但丁那个时代——这当然是一种幻觉。因此，这不是一个把文本从一种语言译成另一种语言的情况，而是把西方文学作为一种结构使两种语言和小说中的主角进入一种三角关系。事实上，我的方法含有这样的看法：从一种语言到另一种语言的翻译是不可能的。但只是因为不可能翻译并不意味着我没有受到西方文学的影响。在我的作品里，我描绘的是一些场景，在这些场景里，这种影响正在发生。正是因为这个缘故，我才构成了这些三角关系的结构。

与此同时——暂时做点自我批判——三好将夫尖锐地批评我过分受到西方的影响。虽然我并不能对他看法的真实性提出异议，但我目前处在一个关键时刻，作为一个小说家，我试图使我的作品有个终结。为了做到这点，我必须再次使我的作品"相对化"，把它置于与欧洲的对照。实现这种"相对化"的地方不是东京，而是四国的那个小村庄。但你要知道，四国小村庄的概念本身已经是一种虚构，是个人神话的产物，因此我有点如履薄冰的感觉。

如果我说我把自己置于一个小村庄是为了接受欧洲，其实这是表达拒绝东京的另一种方式。但是，在对这个小村庄写了30年之后，我开始感到，甚至这个村庄也只是我虚构的一个神话，在现实中并没有真正的根据。因此我开始怀疑，难道写作对我不是有些像在爱好和想象之间徘徊吗？或者回到我前面曾用过的比喻，写作对我像一种三角形关系，在这种关系中，作品的实质不是原始文本揭示的东西，也不是对它的接受所揭示的东西，甚至也不是一些传统的乡村神话所揭示的东西。相反，它是在三者共同创造的结构中形成的东西。

你知道，我母亲已经85岁了，然而她讨厌去东京——她是那种墨守旧的生活方式的村民之一。但是，最近，当我回家的时候，更确切说，我刚到家的那一刻，我发现母亲正在她的房间里吃麦当劳汉堡包，她是从邻村买来的。［笑声］我猜想哪里都不会再有我那个虚构的神话村庄了。［笑声］

威尔逊：全球化偶像的局部化消费。你知道黑泽明的新电影《梦》吗？我讲授一门有关核文学的课程，因为那部电影有梦的连续场景，我就带着全班同学去看，其中一个场景叫"红色的富士山"，在那个场景里，日本发展了核武器，爆炸了核武器。他想象核武器发展之后的日本，有点像佛教徒的地狱。所有的人都发生了畸变，甚至精神也变了，不仅身体而且精神——死后的灵魂全都发生了畸变。在想象出这种核未来的伪崇高之后，黑泽明唯一能做的就是返回他的村庄。但对他来说，村庄依然存在，因为它是水磨坊的村庄，那里没有技术，水由蒸汽驱动——通过树木的动力，河水的动力；而村庄的文化有它特有的葬礼和特有的庆典。但是，叙述者，即黑泽明，只能参观这个村庄，他不得不离开。所以我想，在某些方面，他有些像你，受到局限——影片过于伤感，渴望着那个科技尚未到来的日本村庄。

皮斯：现在，我想问问你目前在写作的作品。按照你描述的创作文学的艺术，我发现它非常像是所谓的"占卜"，也就是召唤或魔法的力量，你在写作的时候确立了某种三角关系，但不是再现，而是使人物、地点、甚至情感再次变成现在的东西，以此使你的文学作品成为可能。在你描述你的文学技巧时，我听到你说那个能把古老的过去变成现在的女巫——一个母体形象。关于你的写作以及你在谈话中所作的描述，似乎有某种东西既疏远同时又深陷其中。我认为，你的作品和你的谈话的这一方面，与你先前所说的具有地方色彩的巫师的形象是一致的，而那个人物一直伴随着女族长。你把你母亲归纳为吃麦当劳汉堡包的妇女的形象，你提出你祖先的村庄只能作为一个神话存在，这些姿态构成了你的防御技术，使它们不致陷入你所说的神圣的领域。像巫师那样，你超越了神圣，但只是为了使它更集中地出现。能请你谈谈在你的写作、你的风格、你作为自我的生机中这种巫师的因素吗？

大江：我认为你的解读不仅很有意思，表明了对我作品的理解——既有批评又触及到实质——而且它还和我将在会议上所做讲演的主题有关。我认为，我试图做的是挽回过去的或传统的东西。我所说的"传统"，意思有些像研究布莱克的学者凯瑟琳·雷恩在他著名的专著《布莱克与传统》一书中所用的那个词，它说的是某种在基督诞教之前就存在的信仰。如果帝制相当于基督教的日本体制，那么我努力挽回的传统，就是没有被帝制同化之前的那种在当地流行的一种文化。虽然这种传统已经失去很久，但它确实会偶然重现。在另一本书中，雷恩把新柏拉图派主义说成是这种地下的河流，它不时会像泉水一样从地里涌出，汇入历史。这与我想写的那种传统非常相像——它像地下水一样流动，然后突然喷涌出来——就像我在自己的小说《1860年的橄榄球》里描述的农民起义那样。这部小说译成英语之后名字是《沉默的呼唤》。你提到了为了保持神圣如何破坏神圣，作为一个历史事件，这次农民起义也被神圣化了。但是，这场起义在当代小说的描写中一经复原——在我的小说里表现为基层民众对一家超级市场的攻击，更确切地说是对购物中心的攻击——神圣立刻便受到践踏，受到蔑视和指责。正是这一过程构成了我作品的主题，唐纳德，这与你刚才说的完全保持一致。

现在，我把整个精力集中在最后一本书上，这将是我的收笔之作。我准备写一部小说，它首先描述的是，有一天，这个古老村庄的习俗——有一半是我自己创造的虚构的传统——完全彻底地得到恢复，然后描写最后一天，这种习俗整个被永远毁灭。

我不知道你是否可以把它称作叙事动机，但是，我始终想让我的读者知道，写这本小说的是我，一个56岁的日本男子。不过，由于这种把自己置于自己作品的冲动变成了固定的观念，所以我也感到自己遇上了障碍。因此，现在我想创造出一个新的巫师，它可以使一个在自己作品中遇到危机的作家的叙事动机相对化。我真正的希望是，我能由此把自己变成一个新的作家。

（李宝洵　译）

盖亚特里·查·斯皮瓦克访谈录[①]

萨拉·达尼尤斯和斯蒂芬·琼森

达尼尤斯：你谈到有必要忘记一个人的学术和有必要忘记一个人的特权，你还说到一个人必须"以一种大众不会认为是胡说的方式来谈话"。根据你作为老师、教授和知识分子的经验，你建议我们如何探讨这个计划？

斯皮瓦克：我认为忘记一个人的学术这种说法，与我当初说它的时候略微有些不同。按照我的理解，我的所有工作就是连续不断地学习如何忘记和忘记什么，因为我的情况不断发生变化；既然我没有真正从事一项专门知识的工作，我就不得不脚踏实地地不断地学习新的东西，而随着我学习这些新东西，我的情况也发生变化。虽然有些麻烦，但却切实可行。如果我没记错的话，当初在我开始谈论"忘记一个人的学术"的时候，我确实考虑了很多有关在新殖民主义的学术机制里如何能起到知识主体的作用。我也考虑过如何起到知识妇女主体的作用——我不只是说女权主义者——在知识主体身份构成的机制里，在后殖民主义学术机制里，如何间接地进入知识的主体身份。

---

① 盖亚特里·查克拉沃蒂·斯皮瓦克，1991年7月14日于阿姆斯特丹接受萨拉·达尼尤斯和斯蒂芬·琼森对他的采访。这次访谈较短的版本发表在1991年10月30日瑞典的《每日新闻报》。

换句话说，现在我感到，为了成为一个超越学科的伦理哲学家，我必须提出这样一个问题：怎样才能想象成为那种伦理学的主体——也就是说，那种考虑为他人做正确的事（因此也能做错误的事）的人？如何能够在一神论的犹太—基督教传统和它的批判之外考虑这样一种主体。为做到这点，甚至为了提出如何去考虑的问题，我不得不……——因为人们阅读的所有伦理哲学，甚至非西方的伦理哲学，都不知不觉地预先包含着那种主体，因为写它们的人是在各种不同的帝国主义和反帝国主义的传统中形成的——实际上，光是应付和一些妇女的交往我就不得不花很多时间，而她们与通常认为可能是伦理学的东西几乎没有接触。你知道，在那种情况下，我不可能想象自己是个准备写东西的人，因为我如果这样做了，我的整个情境关系就会发生变化。正如一个人缺乏浪漫想象，他就不会进行探索，因为一个人试图学习传统学术方法之外的东西，他就有不断提出的问题："学习吗？学习的意义是什么？"在那种情境下，暂停学术而不是反过来使它合法化，远比我十五年前所说的复杂，当时它似乎非常清楚，是一种政治决定，而不是面对伦理学的不可确定性。你知道，这实际上是对另一个问题的回答，而不是针对你提出的那个问题，因为那个问题不再以完全相同的方式存在。

另一方面，具体的条件非常具体，但超出大学圈子的范围——而且也不是那种承诺要做的社会工作，它只能用作暗中暂停学术这一计划的借口。具体条件会检验你的理论假设，而且尽可能在不同于学术机制和信息检索这样的领域里来检验。各种不同的城市激进主义，逐步选择的发展工作，都只不过是一种借口，其目的是为了寻找把政治目标视为伦理观点判断的机会。

这确实非常神秘，但是我希望你能理解。

这是实话实说。让我在这里说些极为具体的事。我刚好最近在孟加拉一个多飓风和潮汐的地区。除了别的事之外，我被邀请对该地区各种外国势力的介入作一些调查。我来到受毁坏最严重地区的中心地带，像往常那样，我在那里工作了一段时间，以便借机了解政治目的如何作为伦理观点的判断。因此，当我回到孟加拉首都，一位活跃分子马上来问我——他一直在四处奔跑；显然，在面对灾害时，你不会坐下来与人交谈。他很快进入房间（还有其他人在场），然后他问我，"你看到了什么？"现在，他是个老于世故的人，可以说是个诗人，但他的工作基本上是我们所称的激进主义。我知道，当他问我"你看到了什么？"时，他要问的不是有关毁坏情况的报告，也不是关于"我做了些什么"的成绩报告，因为他做的要多得多——他当时率领一个调查组，所以我不能向他透露任何事。实际上他问的是你进行理论阐述时发现了什么。你知道，理论阐述应该有所发现。所以，他就问我这个他觉得我可以明确回答的问题，因为在他看来，我是一个很特殊的理论家。于是，为了回答他，我违反了自己的原则，即我不把理论构成作为一种知识的目的。我确实努力尽量从理论上说明了这点。因为我在努力挖掘一些资料，一瞬间在脑子里闪过我一直在进行的斗争——这个男人了解他的马克思和黑格尔，因此我完全没有以居高临下的口气对他说话——但为了能够说一些他认为我可以看到而他看不到的东西，我确实不得不矛盾地为我自己做了这种我忘却的工作，因为甚至他那样的人也受到纯学术的束缚。在某种意义上，倒也非常有趣，因为确实在那一刻我所有停止的东西都显现出来。另一方面，他不是个学者型的知识分子，我们和其他人挤在这个狭窄的空间里，在他离开之前，他们都想与他友好交谈。当时我使用了我在一个星期之后在新加坡会议上对他说的话，这位糟糕的学者说这与实践毫无关系！在这种作为任务的新的忘却方案中，迄今为止这是我唯一对事物作理论阐述的具体事例，我阐述了社会中人类与土地的关系问题，妇女在那种情况下的境遇——一种非常边缘的境遇，以及援助问题，例如，如果这些人本身被当作知识的代理人，援助的问题何以使我们重新考虑许多问题。（后来，我甚至把它改成了一篇晦涩的散文文章，拉纳吉特·古哈刚刚告诉我他非常不喜欢这篇文章！）结果就是那样，但我的确知道在我谈话的同时，我必须快速做这种忘却资料的事情，以便提供令人满意的东西，这是回答问题的责任。

琼森：在阅读"后殖民批评家"的时候，我觉得很少有伦理主体的问题。可是，你在回应我们的第一个问题时，你谈到如何从伦理方面重新思考忘记一个人的特权和学术的观念。是不是可以说，你已经开始对批判的西方伦理学更感兴趣？或者如你所说，你更感兴趣的是，如果伦理学没有被西方或欧洲的伦理学污染，它将是什么样的？

斯皮瓦克：是的……我认为是这样。我近来不大用"污染"这个词了，尽管它是一个人们偏爱的词。但我还想说，在批判的西方伦理学之外，我现在更感兴趣的是对其他伦理学主体的想象。我认为正确的说法是，我的一些同事不可避免地——或者也许不是那么不可避免地——在绕圈子，因为他们不想冒真正忘记的危险——就是说，从批判转向肯定，转向批判的力量能够从中出现的领域。所以，你说的是对的。

因此，好像讲逸事似的，按照生活就是叙事，我一直讲授我认为确实是我讲的最好的一门课，这门课只讲马克思。有时候，这门课非常不受欢迎——主要看学生来自什么背景——有时候又非常受欢迎，还有的时候因为不实际而被取消，因为作为一个教师我不只是在美国存在。尽管如此，我一直教这门课，它已经形成了某种非常传统的形式；大约有1000页马克思的著作，完全是他的著作，我们把德语文本和英语译文放在一起阅读，如果法语更容易理解，就读法语译本，因为通常在我任教的第三世界地区，英语读本更具权威性。在过去大约10年里，我非常感兴趣的问题是:"是否可能有一种社会主义的伦理学吗?"但自从苏联解体之后,这门课就变了样。在我的工作中,这是一个秘密的历史性事件,与另一项"拖延"的计划正好对立,拖延是让你在那种不是为了看出能否想象的地方捕捉实体,或作为"差延"的那种实体—本体论的差异——因为,如果人们认为可能的伦理只是另一种说明人何以是人的方式,甚或说人何以不只是高级动物,那么——我也许是错的——就没有必要只是为了合乎伦理而设定某种文明化的程度。你明白我的意思是什么吧?所以,首先是那种秘密的历史性计划,然后是秘密的设法忘记。然后,我开始与一个人一起工作,他是世界上最重要的梵文学者和印度哲学学者之一,刚刚去世不久——他就是牛津大学的马蒂拉教授。实际上是他要求我与他一起做这项工作的。我仍然会出版那本我们合写的书,因为我觉得我们写的内容已经够了。但问题是他自己——一个开明的男性女权主义者和一个非常博学的人,在牛津执教已有多年,因此非常接近那些常在牛津的哲学家——已不可能再对自己学科的教学大纲表示满意。他需要一个受过足够的文化熏陶、最好也懂梵语的人作为他的对话者——我的梵语不太好,但我确实读过许多简单的梵文,做了新的粗浅的解释,并因此触怒了一些因知识束缚而缺少灵活性的专家——这个人还要是个女权主义者,从事当代欧洲哲学研究,并且能够和他交谈。通过这次接触我开始看到——面对我们国家的印度教原教旨主义,另一方面,面对盎格鲁撒克逊人哲学中对道德哲学的可能性的质疑(有贝纳德·威廉斯、托马斯·内格尔、乔恩·埃尔斯特等等),以及更有趣的欧洲大陆的福柯和德里达的哲学体系——真正重要的是重新解读印度的传统,那种历史上排斥的印度传统包含着道德哲学的可能。换句话说,我是在学习如何使用印度哲学中具有能动作用的伦理体系,既有民众的伦理行为,也有传统中的理性批判,或者说宗教中权威的经文传统。我们遇到了极大的阻力，因为把这些东西作为文化制品使用是没有关系的，甚至为了反抗也没有关系，但把它们用作哲学论述的工具却尚未进入工作日程。甚至连那些在文化研究方面思想很解放的我的同事，在我谈论到这个问题时也不理解我谈的是什么。对他们来讲，这似乎是放弃了世俗主义。他们根本不理解可以把这些经文作为研究的资料，而不只是在于恢复它们的动机。同样，这也和可能的伦理相关。

一旦你开始考虑做某种事情，你就会看见它逐步蔓延，对吧？或者，也许正好是那些话开始在其他人的工作中产生共鸣，也许就是如此。但是，大约就在那时，德里达以他对本雅明和塞兰等人的研究，开始更直接谈论伦理和正义的概念。另一方面，我们还有福柯，在最后阶段，他宣称必须放弃那种按年代顺序的历史方案——不论他来自多么遥远的编年史——以便能够从《关心自我》和《愉快的作用》的角度来了解可能的伦理。于是，在某种程度上，我不知道它是如何发生的。但它却发生了。人们总认为自己曾经考虑到这点，觉得其他人对此也感兴趣，但他的读者却以其他的方式来考虑。不过，你说得对——我更关心的是肯定的伦理的可能性，而不是对已经确立的、可能的伦理的批判否定。

达尼尤斯：这和另一个问题相关。谈及东欧和前苏联种种事件的时候，我们可以看到，在很短的时间内，东西方冲突是如何变成了南方与北方之间的冲突。你是60年代初在冷战期间去的美国，按照知识分子的话说，你在那里部分地受过……社会思潮的"教育"。

斯皮瓦克：是的，我是在那个时候形成了自己的思想。但由于那是我最后三年的研究生学习，并且由于我在1965年成了副教授，因此后来可以说我是在培养其他人。

达尼尤斯：但你是1961年去的美国，然后在那里获得博士学位……

斯皮瓦克：是的，是在加尔各达大学整整四年的大学和两年的研究生学习之后……

达尼尤斯：无论如何，我是在想这些冲突的变化以什么方式改变了你的思维方式的构成或语境。这种变化有没有使你更接近伦理？

斯皮瓦克：事实上，现在似乎有一种仍在发展的间接关系。正如我试图说明的，这些兴趣的出现先于戈尔巴乔夫。但是，另一种伦理主体的可能性，不得不联系到已经出现的伊斯兰教的国际性，对吧？不妨考虑一下从摩洛哥到印度尼西亚国家形成中难以置信的多样性，考虑一下伊斯兰教的国际性作为想象一种伦理主体的可能的空间，尽管那不是全部，因为伊斯兰教是一种非正统的国际性，而不是通常考虑国际性的方式。我自己所受的教育是印度的"多神论者"。（我在别处也用"多神论"这个术语讨论过一些问题。）所以，这与把东西方冲突改写成南北方冲突实际上并无关系。但是，既然它现在已经发生，考虑到美国对帝国主义空间的重新安排——比如对抗新的欧洲——你必须考虑伊斯兰教的国际性问题，伊斯兰教的展现或妖魔化的问题，等等。所有这一切引起了我更宽广的兴趣；它绝不是那一事件的结果。但是，在最近所做的各种选择中，对伦理的关心可能也关系到把资本主义的法则视为民主。（由于1992年的变化，我不能不提到对反抗"持续发展"的日益增加的兴趣，这也使我回想起我从马哈斯维塔·德维……那里得到的教训。）

琼森：我想继续谈如何构想伦理主体的问题……

斯皮瓦克：通过想象构成！"想象在一神论者的犹太教与基督教所共有的舞台之外的一种伦理主体的可能。"

琼森：那么，你如何开始系统地阐述那种可能性？在犹太—基督传统里是否存在你会保留的一些因素？

斯皮瓦克：我还没有开始对它做系统的阐述。一旦你开始做这种事，计划就变得非常的幼稚。这种游戏规则就像通过测量从皮卡迪利广场到利物浦大街的时间以真正的经验来证实爱因斯坦的物理学。你知道我的意思是什么。这就像你必须准备去犯可能是最严重的范畴错误，以便创造一种你可以处于适当位置的境况。因此，就系统地阐述一种批评而言，你提出这种问题有些奇怪，因为我根本没有考虑提出我会保留什么的问题。我并不在乎。如果我非得论述它，我会认真考虑。但到现在我还没有想过。因为你知道，对我来说，由于我教书的地方的缘故，批评信奉犹太—基督教的人有些像闭门造车。我不是在暗中破坏什么事情。而人们有时也认识不到我是从极端的另一面来说的。不过，正如我会竭尽全力——我确实已经竭尽全力——反抗白人种族主义者要求维护欧洲统治权力那样，我并不想失去我说话的权利，我要说的是，对立的东西本身事实上也完全是我要忘记的东西，只有忘记才能打开那种想象的空间。可以说，这是对你的问题的简要的回答。

琼森：我一直想弄明白在你的解构策略与马克思主义分析之间是什么关系。你提出了一种阅读的策略，这种阅读面对一个给定的、假定是注意中心的文本，试图观察这一特定文本的中心化或经典化如何预先设定了其他文本的边缘性，这些边缘一旦被揭示出来，自身又如何变成了中心，而这种中心的构成又被另一种边缘化预先设定。这种阅读似乎在中心化和边缘化之间的游戏中不断地扩大循环。马克思主义的阅读研究调解的过程，并努力找出形成特定作品或历史叙事的前提条件的历史情境和潜在文本，解构的阅读怎么与马克思主义的阅读相比呢？

斯皮瓦克：它关系到马克思主义的阅读。但是，你知道，我并不是一个真正的马克思主义文化批评家。我非常折中，我很早就意识到，马克思主义的折中部分是第二共产国际常用的一种方式。在我所做的工作中,我意识到马克思主义的时刻,与对德勒兹和瓜塔利所称的"释放抽象本身"的结构的理解相联系,包括如何对那种理解重新编码。历史潜文本的概念作为解释的方式,对我来说并不是马克思主义最有意思的部分。因此,对于事实上把马克思主义的那部分理解为重新编码的抽象,我并不感到不安。这是必须首先说明的。因此,从属性的观念,如像第三世界一些历史学家汲取葛兰西的理论(在今天第三世界的语境里,葛兰西的立场和从属论者的立场虽然确有差异,但也存在着联系),正是我的兴趣所在,因为……在你理解它的意义上,这更是马克思主义的——就历史的、可选择的文本处于集体意识的另一层面而言,这种文本甚至不会被真正看作潜文本,虽然完全受到官方史学的压制。同样,这是另一层面的抽象。

在你开始提出问题时所依据的实践机制里,我想说——仍然保持黑格尔和马克思主义的路线——你对它的解释是历史的,但缺乏哲学性。我现在想到是《逻辑科学》的第一部分,其中黑格尔谈到了历史叙事与哲学结构之间的关系。我同时也想到了 Grundrisse 的一个部分,马克思在那里讲到了资本起源的哲学,并且讲到了不可能产生一种历史的叙事来对它加以说明。

如果人们按照事先给定的历史概念,把这种中心化—边缘化只是看作某种遵循先后顺序的事物,那么它就变成不断地后退再后退——虽然我并没有放弃它。但是,如果看到那种被称为经济的而不是辩证的结构,哲学地记录着获得知识的各种方式,那么事实上,它就不是历史上的两个步骤。批评的阶段隐含于讲授批评的阶段。每个人排除他者时,彼此就形成了差延。因此可以说,这就是为什么我更看重人文主义的教学,而不是学者的写作。以前在回答萨拉的第一个问题时我曾说过,这是一个要不断反复提出的问题。要学习什么?究竟要学习什么?是不是要学会连贯一致地讨论问题?还是要学会实际做另外的事情,其中

"讨论"是一个阶段,理论是一个阶段?说和做是同样的差异——推延吗?我还不知道。但是按照你提的其他关于伦理的问题,扔掉负担或忘却的阶段总是存在;我发现那是最先发生的事。所以,我以这个概念开始之际,我就开始了那种想象其他伦理主体的秘密计划——它源于马克思早期的"物种存在"的观念,事实上,在马克思看来,每个人都必须把"自己"想象成是人的实例。现在,我发现我已经默默地把它搁置在一旁,作为我进入那些地方的前提。我不知道这是否依然正确。(1992年:它也许……)

达尼尤斯:在阅读《在其他世界里》中的文章时,我感到前面的文章——称作"文学"部分的文章,其中你对一些文学作品进行了分析,并或多或少地坚持解构的语言和观念——这些文章比后面的文章既要容易又更难理解:容易是因为它们被认定是解构的阅读;更难是因为其抽象的层面。但是在后面的文章里,在那些你收集在"进入世界"和"进入第三世界"标题之下的文章里,你以三种主叙事或三种范式运作,即马克思主义、女权主义和解构主义。我确实喜欢你坚持使用这三种范式(尽管一般认为它们无法比较)和你使用它们的方法,并对你坚持它们会带来——必然带来——"相互之间的危机"深感兴趣。产生这些危急时刻也是产生伟大洞察力的时刻,至少对我来说是这样。因此,在某种程度上,这本书后三分之二部分的文章在主题叙述上更难一点,而在第一部分,你那些更恰如其分的解构阅读并非如此,虽然同时也更容易理解,并且实际上完全不可预知。

斯皮瓦克:萨拉,这倒是一种绝妙的评论。我来告诉你为什么。这是因为我自己觉得这种做法有趣。最常见的是,读者对我所说的东西,并不完全是我自己考虑的东西,这没有什么。我的意思是,人们会了解的……但这种特别的事情,……它已经非常过时，我说起它来时总是有些犹豫不决，但前面你说过：我的话变得更简单了。这是因为我不善于用更复杂的方法做任何事情。你知道，那样会造成妨碍。另一方面，我极其反对神秘主义。所以，对这种特殊的发展，我不知道如何是好。因此，最近我在面对这种旧的批评时——"哦！斯皮瓦克太难理解"——我一笑了之，说没有关系。我给你一个单音节词组成的句子——只是为了你——你会看到你不能依赖于它。我的句子如下：**我们知道清晰散文具有欺骗性**。[笑声] 那么然后你做什么呢？就住嘴？难道你就不想多听一些吗？于是它变得更加困难。

琼森：这是否意味着你的作品有了变化？我觉得到你开始在全新的领域做全新的工作……

斯皮瓦克：那些伦理材料确实很新。我并不满意我为自己和我的学生一直构想的答案，这就是所谓的变化，而因为这种变化我必须更简单一些，因为在我寻求那种想象的可能的一些地方，我要对许多人讲话。我说过，如果社会工作被当作托词，实际上你就可以清理出等待和倾听的空间。所以，在社会工作领域，考虑到我基本上是教师的事实，而不是别的什么，我与基层积极分子交谈的很多，他们非常熟悉多国侨民的工作，但对学术话语却不甚了解，然而如果我与他们谈话，我不会放弃我的理论立场。因此，我发现需要理解的不是一无所知的白人种族主义者和他们颠倒的合法者，而是我想让他们理解我的那些人。所以，人们可以说这就是需要简单的原因。

至于说到我现在正在做什么，我正在努力写书，这是一种辛苦的工作。我刚刚完成一本书的手稿，题名"不时髦的书写学"，我把它作为早期一系列工作的结束。还有就是这本把印度文本和印度流行的伦理行为用一种哲学阐述方法的著作，它也已接近完成，但要进行修改才能出版。然后是一部收集了大约十四篇文章的文集，我暂时把它定名为《在教学机器之外》，它更切合你提出的关于中心化—边缘化的运作的问题,而我并不仅仅把它看作是历史性的。(1992年:经过全面修改,这本文集现正在印刷。)我还翻译了350页马哈斯维塔的作品,我还在继续做。(1992年:我刚刚着手写该书的导言。)作为我的翻译的结果,她所得到的钱以及现在正为她安排的快速补救方法,多少有点让我感到沮丧。因此,对于这部翻译文集——同时由美国的鲁特利奇出版社和加尔各答的塞马出版社出版——我打算写两个不同的导言,一个用于美国的版本和世界发行,另一个用于印度的版本。我想在导言里——你会看到它安排得非常紧凑,毫不神秘——我会直面困难的简单性的问题,虽然困难,但不能妥协,以此来回应美国语境之外的读者的要求。情况就是这样。还有一部作品,我已经写了大约七章,那完全是一部关于德里达的著作。(1992年:这本书实际上是一本论述后期德里达的新书。)我想,这将把两本书结合起来……我的大师们的文集涉及这本印度作品,解构的作品,以及不可确定的伦理主体——人。目前我的文集包括这三个部分。解构部分的文本将包括对这次访谈的素材的全面思考。但是,我想真正尽力去写而且觉得非常难写的最后部分,是一篇称作"非殖民地化中的女权主义"的作品,它与多元文化的女权主义相去甚远,几乎是反对后殖民主义的女权主义观念。我对你说得还只是所有的想法。不过,现在我把全部精力都投入到这篇作品,我发觉它异常困难……几乎觉得它超出了我的能力。我是为"左派"出版社写的。如果该出版社有人读到我说的这些话,他们将会感到吃惊……但是我发现写起来确实非常困难。(1992年:我不得不推迟——我需要时间……)

达尼尤斯:如果我们尽力把这些事联系在一起,我们可以追溯到你对三种主叙事的运用,以及它们之间如何相互对立。于是,我想我们最终会落在"战略本质主义"上,而这是你的著名的概念之一。你总是强调特定的境遇,就是说,历史产生出特定的问题，或是主体的立场。这种观念所包含的危险在于，人们最终可能陷入无止境的异质性中，形成数以千计不同的、不断变化的主体立场。你不同意关于中性传播和自由对话的理想的言语群体的观念。但是，为了能被理解，人们必须事先假定一个听众群体。尽管有异质性，但就阶级、种族和性别而言，你是如何考虑这种群体的构成？是否那总是一种策略的选择？

斯皮瓦克： 是对本质主义的策略运用。你知道，在《差异》的创刊号上，我有一个很长的访谈，当时我说我不想再用它了。在我说到它的语境里，它又被捡了起来，在美国、澳大利亚和英国，都把它捡了起来。你说得很对——它确实广为人知。为什么它变得如此广为人知？我有两个东西最著名，一个是我的文章"从属者能说话吗？"，另一个就是这件小事：对本质主义的策略运用。在美国，当"个人是政治的"主张开始出现时，尽管这是社会知识分子的构成，它确实很快变成了"只有个人是政治的"。同样，我的概念也只是简单地变成本质主义的联通票。至于策略意味着什么，便无人再去探究。

所以，作为一个修辞短语，我已经放弃它了。至于我是否不再把它作为一个项目，那确实是一个不同的看法。我现在更感兴趣的是考虑一些差异，即性别主体——女性的力量，女权主义理论——和各种个人主义之间的差异以及它们的相互关系。我对这些东西越来越感兴趣。在我看来，马克思主义是对本质主义的一种批判，因此当有人说旧式的马克思主义是本质主义时，他是在谈"背叛的所在"。

达尼尤斯： 在什么意义上呢？

斯皮瓦克： 别忘了，我最感兴趣的是马克思主义的经济理论和危机理论，而不是二十年代中期重编的思想和文化理论。甚至在雷蒙德·威廉斯的著作中，我也发现了马克思的英国化。关于价值的整个理论和概念，我觉得都是一种破坏主观本质和客观本质的努力。那是我发现激动人心的部分,不在于它对本质主义妥协的方式——就像在一个更小的语境中,"个人的就是政治的"让步于本质主义的领域。在一篇名为《重新思考马克思主义》的演说中,还有在发表于印度政治刊物《前线》的另一篇文章中,我都提出了在当前这种地缘政治语境里,我把马克思主义的女权主义看成这样一种女权主义:它在最天真的心理分析的意义上,只是吞食并接受了马克思的经济分析,但完全没有形成自己的类似的分析,如像凯瑟琳·麦金农的作品,或者像安妮·麦克林托克那种人的作品:不只是进行软弱无力的类比,而是真正融合、咀嚼、消化那种经济分析和危机理论,用旧的马克思的话来说,使它成为一种实质的交换(经常被译成"新陈代谢")。我既不认为马克思主义(当然指各种旧式的)是本质主义的,也不认为必须通过心理分析的阐述或者文化的理论阐述来构成马克思。我喜欢纯洁的马克思主义,但我并不把它用作整个解释的模式。它是一种我已吃下去或吞下去的东西,并不掺杂着隐喻。所以,我不再从策略上使用本质主义。我更感兴趣的是了解各种文化著作中这些所谓的本质间的差异。它们在不同的地方决不会相同。女性的力量问题依赖于构成。构成完全是历史的产物,它们常常通过摧毁殖民地或帝国而形成,因此在这种构成里,以前那种主人的标记依然存在。一种构成是达到顶点的一种记载,也是一种过渡性的记载。然而,可能的女性力量还是记载在那种话语之中。

至于说必须选择做某种事情,我逐渐明白了无论如何那种事都要发生。我必须进行切割(切除某些部分),以便我能实现我正在说的或我正在做的事情:我不必说我要做它,因为无论如何那是要做的事情——人们划分出一个暂时的领域和一种暂时的了解本质的方法。

琼森: 在你的作品中,最有力量的是你对马克思的价值理论的深刻思考,以及你对我们第一世界白人知识分子认识不到自己的工作与第三世界劳动力的产品之间的关系所做的说明。对于全世界的劳动分工、价值理论和重新思考的马克思主义分析,你能重申一下你是如何把它们联系起来的吗?

斯皮瓦克: 好吧。这看上去不太实际,不像人们认为的马克思主义的著作那样。让我们这样说吧:在试图理解工人出卖的究竟是什么时,众所周知,马克思提出了出卖的不是"劳动"而是"劳动力"的观点。那么,什么是劳动力呢?劳动力是某种事物的名称,因为我们是人,我们把这种事物隐匿起来(我觉得这有点缺少根据,但姑且就这么说……),但这种人类隐匿的事物立即被赋予名称。我几乎是在诠释马克思,甚至不是早期的马克思。马克思把这种事物称作"简单的和无实质内容的"——inhaltlos und einfach(通常被译为"少量内容")。他不想成为一个纯粹的形式主义者:这个人不是形式主义者——我们大家都知道。另一方面,他必须理解社会如何使自身的活动具有意义,而为了使自己对此理解,回到自己的立场而不是只听激进分子的,他提出了无内容的而不是形式的概念,把它称作"价值"——他误称作"价值",因为当你试图谈论某种类似这种基础层面的事物时,没有令人满意的词语——他确实把它误称作"价值"。因为价值这个词处于语言历史之中,所以马克思误称了它,于是价值既可以被赋予真、善、美的意义,也可以被赋予价格的意义——某种东西值多少?(顺便说一下,价格是以金钱来衡量的相关的价值—形式。)因此,像大多数用于表示新的思维方式的词一样,它也有其害处。但是,如我前面说过的,这样的词既是良药也是砒霜。这就是为什么,作为教师,人们从词语中抽去实质性的东西,甚至看着它们溜掉。如此,这种"简单的和无内容的"的事物立即被赋予了内容。任何地方都没有纯粹的价值。也不会有任何东西被称为"纯粹的价值"。这是你必须思考的问题，只有这样才不至于犯思想错误，认为我们表达社会活动、精神活动或性活动的种种方式都是实在的事物。因为它们不是实在的事物，它们只是些直接的名称，你只能超越这些名称去想象"纯粹的价值"这样的事物。

达尼尤斯：因此，抽象使它缺少内容？

斯皮瓦克：可以说是吧，纯粹的价值实际上早于具体化，早于对它的挪用。因此，把它称作抽象也就是使它缺少内容。它确实不得不仍然飘忽不定。这是困难的部分，人们不会对它考虑太多。事实上，如果你身陷其中，你就变成一个神秘主义者。你知道，你就变得像是一个绝对另类的哲学家。关键是什么呢？你不得不犯那种不为此担心的基础错误，但你又不得不把它保持为一种预想，甚或一种假设。它并不十分重要。它只是为了不犯那种普遍化的错误才有用，但这是另一种错误，一种认为基础就是基础的错误。

人们很容易遵循马克思阐述的价值经济法则，因为它确实导致最一般、最普遍、最抽象的东西：货币形式，以及由它转变的资本形式。而这就是它的长处。

另一方面，作为女权主义者、伦理学哲学家或政治哲学家，如果我们考虑其他也被阐述的法则——情感法则，认知法则，政治法则，等等——我们就必须把握那些不再可能进行最终描述的领域，因为它们不是完全抽象的。所以，这就是福柯、解构主义等出现的地方。马克思本人对此提供了一种看法，他论述资本剥削方式的输出而没有资本生产方式的领域。在这里，你不可能把一种不变的马克思主义的经济分析用作对你的指导。在那种语境里，我们处于世界上的新殖民地区，包括我们当中那些处于第三世界合作空间中的人，那些新近以新殖民方式被殖民化的人——我想到的是巴西那样的地方，还有试图重新被界定为欧洲人而不是其他人的那些人——我想到的是波兰那样的地方——（所以，这不只是西方和其他地方的问题）——以及亚洲环太平洋地区，如新加坡，它已经完全被纳入世界经济体系，但在那里出现的问题人们不能简单地归之于西方；在所有这些地区，我们必须看到，在情感、认知和政治领域重定法则，就是对发达资本主义法则的重定。文化上重定法则控制着完全抽象的资本主义法则的危机，因此人们以那种仍然可以称之为国际的劳动分工来观察你所谈论的共谋关系，尽管在后福特主义时代它变得更加困难。这就是我为什么对全球范围的共谋关系结构感兴趣，它不同于第三世界/第一世界的划分……一旦你把它变成第一世界内部的寓言，问题就变得更简单了：是白人种族主义反对……你知道。因此，我以为，这就是我的马克思的价值的哲学直觉概念和我的知识生产共谋的概念如何走到了一起。这是否可以作为对你的问题的回答？也许还不够简单明了？

琼森：是的，我想我明白了。实际上，一切开始于对价值概念的深刻的重新思考和解释。首先，你必须把它看成是某种无内容的事物……

斯皮瓦克：完全没有内容，除非那个词就是内容，但很简单……

琼森：……价值的概念，通过剥削的方式，首先以经济的形式达到世界上非资本主义的区域。为了实现那种剥削，你必须以那些在资本主义知识生产机制中已经发展的概念，记录其他的、非经济的、隐蔽的人类活动……

斯皮瓦克：是的，那是一部分。毫无疑问。对后果你比我有更多的想象，这很好。这是一个可以从我所说的东西中展开的故事……

琼森：那么你还想对此补充些什么？

斯皮瓦克：噢，我只是想说它并不十分清晰，因为这不只是逐步发生的东西，而是同时发生的，因为价值法则具有多重性。

我不知道价值的观念是否正确。但价值的观念是有用的。它会发生作用。那就是我要说的一切。如果你不同意,你得给我提供别的能用的东西。多重法则同时发生作用,然而却是不连续的。啊,这是些我想到的逸事!

琼森:如果我仍然从后果方面看它,那么,为了维持剥削而在世界上非资本主义地区出现的种种法则,是否可以看作是你所说的文化解释的生产?那是不是一种支配形式?

斯皮瓦克:是的,文化解释总是在进行支配,最常见的是通过性别差异实施。在某种意义上,它是人们从一切事物产生意义和指涉的方法。当然,他们可以这么做。但我有一个问题:作为世界上非资本主义的部分,你看到的是什么?

琼森:我想我仍然是从历史叙事的角度来考虑的,就是说,很久以前,世界上有些地区都没有资本主义的生产方式,后来这种方式逐渐扩展开来。我不知道这是不是一种好的思想方式……

斯皮瓦克:我不知道;也许是吧。但就我个人而言——由于我把整个这个历史叙事看作是当前的历史,而不是把过去的当前汇聚的过去的历史,也不是把未来的当前汇聚的未来的历史,不是那样的历史(这是我克服连续主义的方法)——可以说,当前我更感兴趣的是不平衡和不平等的发展问题,而不是非资本主义和资本主义的问题。这就是为什么我谈到许多亚洲国家的原因。

但是,我不想用这些"不好的"支配式的文化解释去对抗"好的"解释,即真正的文化解释。对我来说,文化解释总是危机的支配者,你不可能找到一个针对不是危机的事物来限定危机的空间。对危机的限定——像大部分其他事物一样——变成了原创性的。我将不会对这些进行区分;这对我没用。

琼森:也许我们应该转到美国,以及正在那里进行的关于经典、主修课、文化和政治的正确性等各种论争和讨论。你是否考虑过这些问题?

斯皮瓦克：当然，如果你在美国教书，你必然要考虑这些问题。我在哥伦比亚大学得到一份新的工作，我的同事科奈尔·韦斯特给我看了希尔顿·克雷默写的一篇关于这次任命的社论。我当时还不认识克雷默。这篇社论很长，刊登在《新标准》上，它认为我在他所说的非常著名的系里任职，违反了这所大学的所有原则，因为对我的任命完全是因为我在政治上的正确，而不是因为我是文学批评领域里的专家。因此，即使人们想关心我所谈论的其他事情，如果他生活在美国，他也不可能不关心这种问题。

我自己认为，美国的多元化文化主义概念与其他地方的多元文化主义非常不同，比如，澳大利亚、英国或荷兰等，那里的多元文化主义我了解的稍微多一些（多元文化主义是一个非常复杂的概念，因为它只是一个词）。我希望这将使我的读者认识到，在美国教书的任何人都不可能完全回避这个概念；情况就是这样。所以，虽然我没有真正的立场，但我必须有一种立场。因此，就我对它的看法而言，自由主义的多元文化主义是一种谈论重定法则的方式——它论及的事实是，在当前全球语境中，不可能公然强调白人的支配地位。尽管有一些由制度产生的白人支配地位的代言人——迪尼什·德苏扎之流，比尔·贝内特之流，阿伦·布卢姆之流——但人们知道那并不是时代的要求。真正的政治家现在谈论政治的正确性，因为他们已经在某种意义上接受了它。在整个关于政治正确性的讨论出现之前，我们就已经完全对它了解，例如对妇女的利用：白天进行照顾的地位，布什政府中作为托词而用的所有女职员；军事上的性别区分，以及在伊斯兰世界对妇女的利用，特别在沙特阿拉伯和科威特，把妇女用作证实海湾战争的意识形态——并不是不重要的意识形态的证实。我在其他地方曾经论证说，如果人们要说他们在建立的不仅是一个市民社会，而且是一个好的市民社会，那么保护妇女就是最重要的主题之一。在我们的时代我们已经看到了这一点。而在那种语境中，显然是对目前这种关于政治正确性的激烈讨论的一种预示，因此卡米尔·帕格丽亚或贝内特或布卢姆或德苏扎之流——人们觉得像是要请某人去写一部新的《雾月十八》——事实上是在说一种垂死的话语。它们是必要的，但不十分重要。重要的是自由主义的多元文化主义，族裔物品的博物馆化，因为它善意地与某些人的作品融合在一起，例如雷纳托·罗萨尔多或吉尔勒莫·戈梅兹·佩纳，这些人参与了美籍墨西哥人和波多黎各人的那种政治介入，而这实际上与洛杉矶的那种节日大不相同。作为一个教育工作者，我感兴趣的是把不同的特征区分开来：当你说女权主义时，当你说社会主义时，请记住说英国的社会主义，英国的女权主义；那些民族的标志是重要的政治标志，不是因为这些东西具有民族性，而是因为若非如此很容易形成普遍化。同样，我希望我的同事和学生们记住这是美国的多元文化主义。一旦人们记住了这点，美国的组成就会更多地从责任上来理解，而不是把美国理解为敌人，把多元文化理解为真正的第三世界，等等。我的一些同事犯了这样的错误：他们认为在美国出现多种多样的联合意味着第三世界的真正存在。其实并不是如此。

至于对政治正确性的指责，人人都知道这是一种策略：一旦人们接受了某种东西，他就会指责其他方面的做法。我们当中那些正被称为"政治正确"的人，现在应该开始根据另一方面来讨论"政治正确性"的作用，而不是把它们限定为政治上不正确，不是要通过颠倒使他们的指责合法化。

我对经典的争论不那么肯定。就我的理解而言，社会科学和人文学科领域关于经典的争论，是对引进并不一定只是西方文化杰作的看法。我赞成这种冲击。我总是给予支持。我尽量引进其他一切可以引进的东西。对于在美国大学结构内部完全排斥经典或使经典非殖民化的可能做法，我并不完全赞同。请注意，据说那是绝对赞成反对白人支配的努力。我同意这种说法，因此我尽可能继续从机制上支持它。这类似我对世俗主义采取的立场。我毫不怀疑我会尽可能支持世俗主义的法则。我坚决反对神权政治。但是我可以理解，在更大的语境中，在以前的殖民地，世俗主义是一种以阶级为基础的立场，而不是一种精神道德的立场。作为反宗教狂热或与所谓原教旨主义的对抗，世俗主义并不是一种十分有力的方式。同样，对于美国大学机构里扩展经典范围或使经典非殖民化的做法，我非常平静地对待反对的意见，但常常考虑我的计划应该是什么样子。我每天都考虑这个问题。

这是否算一种回答？

琼森：当然是。但是，我想问一下，自由主义的多元文化主义是否是你说的"象征化标志"的实例，或者管理的实例，或者我洛杉矶的一个朋友所说的那种少数精英的创造的实例——少数精英管理他们的民众，采用麦考利提出的方式，即英国应当在印度创造一个资产阶级，除了肤色之外一切都是英国的？

斯皮瓦克：是的。但你知道，这里的计划恰恰相反：是英国的例子——当然，人们总爱援引麦考利的那句话，"我们将制造出一个民族，他们除血统之外，一切都要英国的"，然而在美国正在发生的是，"我们将制造出一个阶级，它会认为自己已经受到多元文化的教育"。因此你通过类比并没有解决问题，我知道你没有进行类比。要取消自由主义的多元文化主义是不可能的，因为在某些情况下，它是人们拥有的最好的东西。它是人们试图在大学使经典非殖民化时实施的联合。人们使用它的方式与人们使用大多数自由主义的机制是一样的。另一方面的是什么呢？解决的办法是什么呢？我的解决方法是我多次使用过的公式：从机构内部"坚持对人们不可能不要的东西进行批判"。人们很难不染指于这种批判。

是的，也有类比之处，但这种类比几乎对破坏更感兴趣——一方面是区域扩张的帝国主义、开拓殖民地必须发展，另一方面是新殖民主义是如何保证自己的安全。

琼森：你问过自由主义的多元文化主义的另一面是什么？我想它可能是本质主义，非常强烈地确认自己的身份，如黑人，墨西哥人……

斯皮瓦克：在什么地方？如何确认？

琼森：在机构内部。我想……

斯皮瓦克：怎么做呢？

琼森：例如，坚决反对西方的经典……

斯皮瓦克：好像你仍然想在机构内部得到承认？！你还要不要你的学位？！

琼森：我并没有说我赞同本质主义……

斯皮瓦克：是的，你没有说。我是在谈未指明的某个人，例如这个男人或这个女人，他仍然想得到确认！

琼森：当然，这是一种非常矛盾的立场……

斯皮瓦克：一种不可能的立场！如果你想得到大学体系的证明，那完全是历史的结果——但那里没有任何其他东西——而这种历史是那种我们不甚严格地称作欧洲自由主义的历史。你根本不可能走出自由主义的多元文化主义。绝不可能。

琼森：但是，难道人们不能以一种看似行动的方式，以一种非常像战略性的本质主义的方式，在你强烈坚持你的身份和你的传统的意义上，就像从内部改革机构那样，运用自己的信念来确认自己那种相当于本质主义的身份吗？这样做是否是一种值得尊重的立场？

斯皮瓦克：我喜欢那些一直坚持这样做的人。但我认为它不是一种有效的立场。这里再次出现了主体和力量的问题。我觉得，在美国的语境里，各种联合的概念，人权的概念，所有这一切实际上都是为了恢复身份,因为在力量领域,身份是活的存在。你知道,如果经济是其充分的抽象,那么力量就是可以理解地刻写于事物之中的话语,具有理性、规范和否定的特点,就像宪法、法律之类的东西,而在这种法则中,身份是活的存在。我79岁的母亲持有美国护照,而我有印度护照,这一事实使我们的身份出现了差异。它使我们的身份不同,身份证不同,你知道我指的是什么。但是,如果考虑一下我们的结果——我更有能力确认我的身份,因为我有在美国大学工作的阶级地位。在某种意义上,我母亲占据了一种身份,但在这种身份里,实在的一本体论的差异已经被寓言化了,这是美国的典型情况。因此,在我看来,确认一个人的身份绝不是一种策略的运用。它是在被机制利用,而且只是另一种寓言的转移。在美国的语境范围内,如果你真想确认你的身份,你就必须消解整个体制;而这再也不可能做到。我们已经融入、以契约的方式融入了这个机制,而且承认这一点会得到安全保障。如果你要取消现在的课程,务必要了解自己的权限,而不是突出自己:姿态政治的出现并没有固定的关键时刻。在姿态政治之内,有一个极好的时刻,人们无须学会所有的我们谈话的这种幽默术语便可以利用。我非常赞赏对幽默的政治应用——在美国的非洲美国人的斗争中我们对它有所了解。但在大学强调身份的那些人当中,我并不常看到这种对幽默的运用,他们很少在运动中运用那种有力的、自我批评的幽默。我决不相信那是对本质主义的策略性应用。

琼森:我认为,一些坚持这项计划的人仍然相信那是对本质主义的策略性应用。

斯皮瓦克:你是其中之一吗?

琼森:不,不——我不是……

斯皮瓦克:我的意思是,你会确认什么身份?

琼森:我觉得我没什么要确认的特殊身份。作为一个白人中产阶级的男性知识分子,我大概代表了"主流"。我或者说我们会确认什么身份呢?某种"瑞典性"?但那太荒唐了!

斯皮瓦克: 另一方面,我觉得你有一个非常重要的身份要确认。这就是充满力量的那种消解融入你本身的体制的身份。人们通过这种不确认而逃避消解体制的任务。我不准备排除那些具有批判良知的诚恳的人们。我不准备排除他们。我准备利用他们。你知道我的意思吧?……

琼森: 对此我有两个问题。你说过,德·苏扎、布鲁姆等人代表一种垂死的话语。你真的认为他们是这样吗?另一种看这个问题的方式是,他们实际上得到大量保守的白人中上层的支持,可以说,这个阶层通过维护他们的统治和财产而变得越来越稳固。

斯皮瓦克: 啊,是的。我不是说他们不危险。我只是在说——用一个非常过时的话说,必须让人理解,因此也必须受限制——他们不是世界历史性的。这就是为什么我说人们希望有人写一部新《雾月十八》的原因。因为在这一点上,当《雾月十八》写成时,马克思说的是一些反对同时代激进分子的有益的想法,而且他也说到当时保守派的声音并不像历史潮流那样危险。所以,我绝不是说他们没有危险。我绝不是说他们没有强大的保守势力的支持,但是,对那种支持的否定产生于强有力的保守集团的内部,因为跨国剥削的利益和以欧洲为中心的移民,超出了个人的良好意愿和个人/集团的意图。甚至谈论政治正确性的那些人自己也以更危险的方式介入其中,因此当我们选择时——假定政治上正确,我们选择自己认为是两种邪恶中较次要的一个,而这就强化了美国的文化机制。

琼森: 在当代美国知识分子历史方面,就其与世界历史相对而言,你认为这种右派势力实际上会变得有多严重?

斯皮瓦克: 我想这会变得非常严重。如果人们考虑的只是地方化的大学，我认为这会变得确实非常严重。我认为它会干预稳定的教职，那就意味着正在上升的一代激进的教师实际上会销声匿迹。我认为它会以微妙的方式干预课程的设置。我认为它会干预那种完全是地方性的使课程稍微多样化的努力。在我看来，稳定的教职和提升非常重要，因为它们是剥夺教育工作者权力的方式。由于剥夺权力的前景在意识形态方面的作用，它会影响学生的选择，实际上已经产生了这种影响。尤其考虑到媒体的控制，我觉得我们无论如何都不能忽略这一点。

　　因此，很清楚，我没有低估当前右派的势力。雷纳托·罗萨尔多给我看过一期《时代》杂志（1991年7月8日），非常令人吃惊的是，它公然宣扬种族主义，它以反讽的方式描述作为"政治正确性"被讨论的主张，说哥伦布到达美洲时，美洲已经有文明人居住；《时代》杂志的文章认为，这样说是愚蠢，因此它做了明显是反讽的描述，并用了一个种族主义的封面。如果这种杂志的读者无须你解释清楚就能理解反讽，那是因为这种意义系统以民族词汇来运作。反过来，这意味着在基础层面上，在普通的语言层面上——"能力—知识"只表示认识能力，而不是权力/知识——那种保守主义在发生作用，所以这确实非常危险。如果我没有记错，杂志的上面有一个高大的白种男人的照片，后面是西班牙民俗的照片，两边一边是一位看上去非常和蔼可亲身材矮小的亚裔美国妇女，另一边是穿着类似约翰·韦恩牛仔服的缩小了的本土美国人。

　　不，我没有低估它的危险性。我只是在说，我们这些彻底反对新殖民主义知识记载的人，不必通过颠覆它和突出我们自己而使它合法化，不应该只是突出我们自己——姿态政治有其作用——在机制内确认身份并从内部对它进行改革。我们不应该只是通过颠覆来强化自己的同一性。在这种关键时刻，我们不应该致力于以后发生的事情，而应该致力于正在进行的事情，而且常常同时是反机制的事情。

另一件我没有谈到的事情是各种族裔的不同情境，如非洲美国人的力量（你不能说非洲美国人在美国的"存在"），美籍墨西哥人，波多黎各人，讲西班牙语的美国人，拉丁美洲人的声音，以及更早融入人口的民族，如犹太人，爱尔兰人，意大利人，斯堪的纳维亚人，中欧和东欧人，还有新移民的完全不同的情境。（我一直在了解不断改变形态的复杂的边缘性的动态图。）在我看来，在新的移民情境中（我与我母亲的关系可以说倒转了这种新移民的情境），本国母语正被移植，这既像是心脏移植治愈疾病，又像是散居国外出生的混血儿，或者像植物的嫁接——在那种语境中，妇女的情境再次成为焦点。在新移民的母亲与女儿的情境中，这种转化与非洲美国人和本土美国人的情境非常不同，因为后者构成了美国。目前，我在给杰克·福布斯的一本题名《黑非洲人与本土美国人》的书写书评，它会使你了解到，在美洲和大加勒比海地区，福布斯所说的东部新美国人和西部新美国人实际上是如何形成的——所有这些如何被完全掩盖，以至在今天的争论中，我们能够把整个情境简化，只说黑人/白人，自己/他者。在多元文化主义的院外活动集团里，你会发现我从两方面描述了这种情况的一个部分。就此而言，我的思想有些不可捉摸，而历史就是作为事件的现时的幽灵。我谈到许多不同的亚洲。西亚就是中东。你知道，按照新的划分，北亚是苏联的一部分。内陆亚洲是苏联种族构成的另一部分，它以不同的方式与东欧和中欧相联系，那里的穆斯林与基督徒的纷争使它成为产生出伊斯兰国际性的部分。南亚就是我们，也就是说，严格地说来就是前殖民地地区，比如说，像阿尔及利亚，那里的文化构成在战略上非常重要。它完全不同于亚洲环太平洋地区，那是另一个亚洲。另一方面，在本尼迪克特·安德森那本精彩的、但在某种程度上令人遗憾的《想象的社区》一书中，东南亚被当作以想象的社区的话语解开马克思主义的典范，这是又一个亚洲。同样，在美国国内，也有内部殖民化的多元文化的情况。在没有幻觉思想的情况下，多元文化内部也存在着反对派——一部分与另一部分对立，说它现在在政治上是错误的。你明白吧？

琼森：在福柯的《词语和事物》的最后部分，他谈到了人类科学的重组。为了描述西方古典时代结束后的知识生产，他使用了三对概念，即：标准/功能、规则/冲突，系统/表意。以前，福柯说，对人类行为、社会形态和语言的分析，都是根据功能、冲突和表意进行的。但是，这些分析总是事先假定某种标准、规则和系统——与此有关的客体或人可以被看作是正常的/反常的，等等——它们中的任何一个都不够明确，然而仍然作为不言而喻的假定来运作；当然，这是由西方男性知识主体确立的标准、规则和系统。接着，他提出了一种可能的知识结构，其中的每一个群体，或者文化，按照其自身的标准和系统的一致性都具有某种功能和表意作用。根据福柯的看法，承认这点会导致西方理性统治的终结。那么，你是否同意这种观点？例如，在关于经典的争论中，在现代批评理论中，在对族裔进行理论阐述中，或者在对道德与美学价值的理论阐述中，这是不是一种对正在发生的事情的描述方式？

斯皮瓦克：我想还是要对整个情况重新定位；由于弗洛伊德和后康德哲学的传统因弗洛伊德而达到顶点，由于我们命名为"福柯"的批评倾向，毫无疑问会发生某种事情。但我认为那并不十分重要，它只是一种征兆的记录，与其他东西没有什么不同。我并不把它看作"真正"发生的东西。我把它看作是社会科学的研究和有组织的人文学科的研究，它们必须以另外某种特殊的方式使自己合法化。我认为对西方欧洲自身历史的这种更大的元视角的要求是它的组成部分。作为欧化的后殖民时期的人，我努力向它学习。然而，更重要的时刻是，这些人——就像你已经看到的那些人——对他们在做的事非常谨慎，而他们的学生有时却并不如此。《词语和事物》的福柯与过去的福柯截然不同。看着福柯的发展线路，我问，福柯是否在主要方面进行重复？我不相信是这样。你也许不同意。但这仅仅是我的感觉。福柯也曾追溯到一些他的早期的作品，例如他以存在主义的心理分析学者写的那本介绍宾斯旺戈的关于梦的著作。他恰恰是在最后追溯到那部作品的。那么，它是什么呢？他说到最后受到海德格尔影响的那种怪事：有这样一些人，他们对人们的影响太深，以至人们决不再写他们。这表明了什么呢？在我看来，接近而不可达到的概念，绝对熟悉的概念——海德格尔称之为本体的东西，福柯称之为亚个体——一直在发生作用，而当福柯决定观察构成伦理自我的其他不同于西欧的方式时，这种概念又回到福柯。前面我对你说过，作为进行哲学探讨的手段，只选择一种作者的系统，例如印度语的系统，是多么的困难——对西方做法的批判，在我们机制的历史境遇内，非常难以找到实际的哲学论述的方法，因为它不仅要对内涵的要求作出反应，而且要真正提供一种替代。那是很艰苦的工作！但在我看来，其他事情过于自我满足，让人觉得不那么严肃。这倒是非常好；我的意思是，正如我说的那样，我喜欢它，我做它，它很安全，就是如此。但是，这不是世界思想的历史，而我要说的是：我为什么去这些地方，做自己高兴做的事，现在对此不愿意谈任何东西，其原因在于即将出现一种微妙的变化，而且采取一种对立的方式，完全不同于通过机制培训出来的医生与赤裸躯体的关系。这种关系的微妙变化，就是训练有素的学者论及事物时发生的情况，他要写作，然而又抛开写作的控制，以便突破浪漫化，进入从调和中学习的双向途径。

当我们通过去这里那里写并不真是西方的东西而快速定位时，我们并没有认识到这点。一个妇女在《女权主义评论》中撰文，说我是个"世界旅行者"而不予考虑，大大伤害了我的感情。一旦你离开了身份政治和有灵感的文章，你就会失去你的盟友。如果我们与有学识的人——知识生产的主体——发生联系，就不可能有另外的学术关系。在人类学历史上，还没有任何人类学家能够提出，在所研究的文化里，有一个等同于欧洲理性的比例。他们冲击欧洲的理性，但是任何人都未能代替它。另一方面，并不是真的任何地方都没有比例。当你仍然是知识生产主体时，你不可能发现它。理性没有被放弃。这不是要走向神秘主义。

因此，现在，事实上，在大部分你已经提到的人当中，有些时候承认了这点，这在我看来是有效的。当我"徘徊不定"时，我承认，事实上，对西方知识生产标准的批判——对这种标准、规则、系统的批判——同样存在于其他地方，它们是经过发展的批判，但不是作为知识系统通过机制发展的批判。我说的那些人是基层的、被褫夺了权力的人，事实上，他们从未把欧洲人在这些系统基础上的行为看作是正确的。当这种行为符合他们的方式时，他们顺从它，因为虽然荒诞但与权力相关。他们与我们的关系不同，因为我们不是欧洲人。他们认为我们是傻瓜，因为我们——我说"我们"指的是"依附者"，而不是训练有素的人员或分析观察家——干扰他们的标准，要求进行检验，或者用一条不同红线来定标，或者暗中破坏，而不光明正大地怡然自得。他们把我们看作白痴，尤其如果我们不够漂亮，胸部扁平，秃头，没有男人也没有孩子。他们把我们看成傻瓜。但是，他们认为欧洲人荒诞，却从不怀疑他们，而是顺从他们，因为他们与权力结盟。那是一种批判。但只是脱离实际的一种理论先锋主义，产生于意识形态上构成的、希腊化的希腊，或者基督教化的亚里士多德，它认为那种批判发展的历史是从康德到弗洛伊德再到福柯。为了把它用作一种哲学阐述的方法，你必须尊重实在—本体论的不同，求助于重要文本，甚至那时也几乎是不可能的。显然，马蒂拉洛未能进入英国科学院的原因之一，就是因为做的是"少数人领域"的工作——我听到过人们说这样的话。因此，这种对道德哲学不可能性的历史的挑战——理查德·罗蒂之类也把它说成是叙事——不能在机制上得到加强。事实上，我们谁也不会开那种确认我们印度身份的玩笑。我们对印度教的原教旨主义持批判态度。我们对印度"了解"的太多了。我们是印度人，是受蔑视的移居国外的人，并不是什么都不是，但固执地赞扬自己，怀疑表达个人痛苦的象征，总是不能正视未来，尽管未来已经在我们不知不觉中在别的地方出现在我们身边。

采访谢默斯·迪恩

综合大学学院，都柏林1993年6月
狄姆纳·卡拉汉

  按：谢默斯·迪恩出生在北爱尔兰的德里，他最近刚刚辞去都柏林综合大学学院的英语与美国文学教授的职位。他已经发表了三本诗集：《渐进的战争》（1972）、《传闻》（1977）和《历史教训》（1983）。他发表了大量有关英国、法国和爱尔兰文学的批评著作，《凯尔特人的复兴》是他最著名的论著之一。[1] 他是文化积极分子团体"户外联谊会"的重要成员，这个团体是布赖恩·弗里尔和斯蒂芬·雷在1980年创建的。户外联谊会每年出一部戏剧，还有一个小册子系列，其中迪恩负责编辑的《民族主义、殖民主义和文学》在美国读者中非常有名。[2] 此外迪恩还是《户外联谊会爱尔兰作品选》的总编，这是"已经出版的内容最广泛的爱尔兰作品选"。[3] 他最近在圣母大学爱尔兰研究中心获得了一个新职位。

---

  [1] 谢默斯·迪恩：《凯尔特人的复兴：现代爱尔兰文学的散文》，南本德，印第安纳：圣母大学出版社1986年版；《爱尔兰文学简史》，波士顿，马萨诸塞：Faber & Faber 1985年。

  [2] 谢默斯·迪恩编辑：《民族主义、殖民主义和文学》，明尼亚波利斯：明尼苏达大学出版社1990年版。

  [3] 谢默斯·迪恩编辑：《户外联谊会爱尔兰作品选》，伦敦：户外联谊会出版社和Faber & Faber，1991年。

狄姆纳·卡拉汉（以下简称 DC）：爱尔兰作品的政治大多涉及与英国的殖民关系。但是，就其与美国帝国主义和那种文化霸权的关系而言，"爱尔兰民族性"如何得到重构？那种更新的关系本身在圣母大学是否会成为一个研究的课题？

谢默斯·迪恩（以下简称 SD）：会的。随着圣母大学项目的发展，如果像我期待的那样发展，许多研究生作品的内容，我觉得还有我做的本科生的教学，都会涉及某些后殖民的问题，以及用于爱尔兰关系的各种后殖民理论。当然，这不仅涉及美国，而且会指控美国，包括爱尔兰和美国关系的许多方面。它也涉及爱尔兰美国人的庞大群体，这个群体基本上只是通过圣·巴特里克街游行①或圣母的战斗的爱尔兰人来确认自己的身份——这是一种自愿接受的文化饥饿，几乎是一种抗议的绝食。我感兴趣的是，为什么他们长期坚持这种文化上的抗议绝食，为什么他们现在说："让我们重新拥有一些文化。"这是一个过程，但它是不是一个可以确定和说明的过程？

DC：在我看来，这一过程与美国的种族政治有非常大的关系。人们现在试图恢复族裔的身份，这既有肯定的一面又有否定的一面。肯定的一面是，它不再作为没有历史的非种族的范畴留下一片空白，并且我确信，在圣母大学创建爱尔兰研究中心的动机，就是肯定方面的一部分。但是，这种恢复的否定的一面在于，它取消了种族问题，如同它在美国历史上的构成那样。在美国，实际上任何学术活动都不可能无视种族主义，特别是针对非洲美国人的种族主义，如果它的责任是恢复白人的种族地位，情况就更是如此。我不知道你是否可以谈谈黑人性和白人性的具体

---

① 圣巴特里克（Saint Patrick，389—461），在爱尔兰建立基督教会的英国传教士，爱尔兰主保圣人，著有记述其传教经历的《信仰声明》，3月17日为圣巴特里克节。

问题，因为这个问题也涉及爱尔兰和你在圣母大学的工作。

SD：这里包括有三四个问题。可以说，任何"爱尔兰性"（Irishness）的概念都必然以某种本质主义为基础。我在"户外联谊会"以及偶尔在北爱尔兰所做的工作，大部分是反对爱尔兰民族主义中的某种本质主义的。这么说并不是要否认人民建构一种历史身份的必要性，也不是否认本质主义论点作为政治策略的现实性。尽管大多数本质主义立场的构成非常容易受到批评，但我认为他们的要求——尤其如果这种话语是历史性的——是不能低估的。因此，在参加"爱尔兰研究"项目时，我发现自己处于一种矛盾的立场。"爱尔兰研究"不仅含蓄地暗示着种族性，而且这种种族性是一种特殊的、独特的、明显不同于其他学科或族裔研究的种族性。确实，这种矛盾令我感到不安，但与此同时，我认为在任何情况下都可以很快地划分那种界限或边界。如果我说，我会成为 W. B. 叶芝史诗教授，我仍然会很快划分出那种界限。

DC：我并不是想从个人不安和矛盾的角度来提出这个问题。我真正感兴趣的是，它在多大范围内冲击爱尔兰文化的内容和政治。当爱尔兰研究在这里出现时，它确实可能是个伟大的日子，在爱尔兰——只要物质条件允许。

SD：如果物质条件允许的话，我相信会有其他政治条件对它产生不利影响。但无论如何，重要的不只是我个人的不安。令人不安的是关于整个作品构成的观念本身，即所谓"爱尔兰的"、"英国的"或任何其他国家的作品。在爱尔兰研究中，尤其在圣母大学的这种实验中，这种观念正在被更新。但是，在这种重构中，一种介入的方式就是大胆地面对项目本身的观念，在论及美国的种族和压迫问题的过程中，对项目本身的概念提出挑战，例如，采用黑人研究项目中尚未用过的方法。这里所用的假设是，如果受压迫的程度感到非常严重，那么作为受压迫者你不敢对自己的身份提出质疑。但是，如果可以想象那种压迫正在缓和，这时人们便开始问：我是被那种压迫构成了黑人还是爱尔兰人？而当前已无须再以那种方式构成自己的身份。

DC：从某种意义上，这可以追溯到你的批评家之一——埃德娜·郎利——关于你的《作品选》所说的话。她写道："很难以同一姿态来确定经典和解构经典，很难对四千页的东西安插一个抹去的标记"。在他（迪恩）对修正主义或对民族主义历史怀旧的敌意，与使读者接受——或最有效的宣传？——我们战争的独裁者那种打破联系的建议之间，同样也存在着诸多矛盾。这也许是保罗·德·曼的影子。① 你对此做何反应？

SD：关于这些事物难以调和的问题，在某种程度上她是对的。但她的错误在于，她说，由于试图接受两种不可调和的立场，人们会陷入一种瘫痪的矛盾状态。至于确认经典的计划，《作品选》实际上在说这不是经典，这是荒漠里的一种构成，一种海市蜃楼，如果你想以另外的方式看它，它就像蒸汽一样消失。那么这种被称之为爱尔兰写作的东西是什么呢？称之为爱尔兰文学的东西是什么？这些就是所提问题的性质。他或她是爱尔兰人是因为他们出生在爱尔兰吗？一方面这是可笑的问题，但另一方面又是深刻的问题，因为它们不是在问康格里夫是不是爱尔兰人，而是在问什么样的身份构成依附于某些性质的写作，这些身份如何被用于某些目的。

DC：这让我想到时下奥斯卡·王尔德②成为时尚的问题，他被当作一种后现代身份的范式——把某些表面的没有深度的东

---

① 埃德娜·朗利：《贝尔法斯特日记》，《伦敦书刊评论》14，第1期，1992年。
② 奥斯卡·王尔德（1854—1900），爱尔兰作家、诗人，英国唯美主义的主要代表，主要作品有喜剧《认真的重要》、《少奶奶的扇子》和长篇小说《道林·格雷的肖像》等。

西汇集在一起。"户外联谊会"曾上演特里·伊格尔顿的剧作《圣奥斯卡》,而伊格尔顿本人就有某些人所说的那种可疑的爱尔兰身份。① 在伊格尔顿的戏剧里,性的问题甚至没有出现,而在爱尔兰身份的构成中,这是所谓的取消性的问题的征象。因此我认为乔纳森·多利默尔挪用奥斯卡·王尔德是把他作为同性恋的身份,并在那里抛开了爱尔兰性。② 所以,如果把王尔德作为一种范式,那么对于一个来源有疑问的人,对他围绕着民族身份的理论问题以及对本质身份的解构所做的工作,你如何看待呢?

SD:这是有争论的问题。这种取消过程肯定也出现在《作品选》当中,尽管第四卷通过论男女同性恋著作的一节纠正了那种情境。但是,性的问题灌输了我们的记忆,这是世纪之交所谓的爱尔兰记忆,所谓的生死转折的记忆。这里有三个阶段:对王尔德的审判③、巴涅尔④离婚案,以及后来罗杰·凯斯门特在1916年被处决⑤和黑色日记的出版。在每一个事例中,你都会遇到性的问题和政治的问题,它们不可分割地联系在一起。两者相互发生作用。王尔德的同性恋,巴涅尔的通奸行为,以及凯斯门特的性行为,每一个表现了什么样的政治关系? 这个问题至今尚未得到回答,不论就他们三个人而言,还是在政治上就爱尔兰自由邦和北部政务而言,都没得到回答,但作为确认他们自己是特

---

① 特里·伊格尔顿:《圣奥斯卡》,德里:户外联谊会,1989年。
② 乔纳森·多利默:《性的异议,奥古斯丁到王尔德,弗洛伊德到傅科》,牛津大学克拉伦登印刷所1991年,主要参看第1和4章。
③ 1895年,王尔德因诽谤罪入狱,服重劳役二年。出狱后他根据狱中所见所闻,写出了他的最后一部诗作《累丁狱中之歌》。
④ 巴涅乐(Parnell,1846—1891),爱尔兰民族主义者,爱尔兰自治运动领导人,英国议会下院议员,曾任爱尔兰土地同盟主席,因抵制"格莱斯顿土地法"被捕入狱,后与政府妥协获释。
⑤ 罗杰·凯斯门特(Rager Casement,1864—1916),爱尔兰争取民族独立斗争的领导者,当过英国外交官,曾领导1916年的爱尔兰复活节起义,预定由德国提供军火,起事前被捕,在伦敦被处绞刑。

殊存在的一种必然方式，两者都发动了对女性和男性的性压迫战争（当然，对女性的压迫要更胜一筹）。这与在北方发生的那种折磨有着很大的关系，尤其在 UVF（北爱志愿军）方面。在北方甚至存在着——这么说有些离经叛道，有时还很危险——各种各样的暴行，而且每种都有其独特的方式。有英国特种航空队的暴行，有爱尔兰共和军和 UVF 的暴行，而令我震惊的是，这些暴行大多都有某种性的潜文本，在暴行中表现了性的焦虑。然而每个人都抑制自己，不承认这种性的问题。

DC：但是，暴行——尤其与爱尔兰共和军相关的暴行——难道不是固有的男权主义的吗？例如，争取独立的斗争要求爱尔兰母亲送儿子去献身，等等，这就强化了那种阻止任何可能的性解放的反动观念。这个星期，同性恋有望在南方最终得到法律上的认可。如此缓慢似乎表示这样一个事实：性的问题只能以置换和延误的方式处理。

SD：我听说在临时爱尔兰共和军集团中，临时北爱在人员组成方面较过去的北爱有所增加，这不仅因为许多活跃的激进分子——有相当的数量——是妇女，而且这些妇女在军事委员会里也有影响，甚至可能是军事委员会的成员（尽管她们决不会告诉你这点）。他们说，这边在 UVF 或在北爱尔兰皇家警察中是不能想象的。但是我不太相信。很难说，如果青年无政府主义者（a member of the extremist faction of the Irish Republican Army）明天获胜——无论这种获胜意味着什么——其结果将是性或是性别的解放。

DC：我想现在应该讨论一下爱尔兰与第三世界的关系。很明显，每一个在爱尔兰众议院的人都希望看到爱尔兰成为现代欧洲国家（这里我想到大卫·劳埃德的论点）。① 在学术界，有些

---

① 大卫·劳埃德：《反常的状态：爱尔兰写作和后殖民时刻》，达勒姆 N. C.：杜克大学出版社 1993 年版。

人坚持爱尔兰与现代性的关系。这不是英裔美国人要重建的那种中世纪的、怀旧的过去。在爱尔兰与后殖民的第三世界之间，究竟有多少可行的类比？正如丹尼斯·多诺霍指出的那样，爱尔兰与扎伊尔相同，那么你是否认为，只有取消种族压迫方面的差异才能进行这样的类比？

SD：希望成为第一世界和不是第一世界的经历是构成性的；不妨好好想想大饥荒的例子。这是一种很容易抹去的文化的记忆。另一种爱尔兰的经验在你所称的官方文学里很少记载，甚至许多关于现代爱尔兰经历的历史叙述也很少触及，这就是爱尔兰传教使团的小帝国，尤其是在非洲和拉丁美洲。这是一种与第三世界的关系，在某些方面它一直受到爱尔兰的关注。人们为传教团捐钱，认为传教士担负着为上帝和爱尔兰拯救灵魂的使命。为传教团捐一个便士，就等于为"黑人婴儿"捐一个便士。

DC：从童年时代我就清楚地记得这种说法。你还必须给婴儿起名字。

SD：是的，你可以用不同的方式拥有他们。可是现在我们正看着传教士们返回，他们还指责那些资助过他们的人。例如，耶稣会在美国大使馆外面抗议美国支持独裁统治。

DC：耶稣会代表一种相反的传教过程，因为他们正在为这里的天主教机制带来解放的神学和一种马克思主义的形式。

SD：然而，他们自己在这里只教中产阶级的男孩子。这样做的结果是怀疑他们在这里的活动。首先，他们开始向工人阶级的穷孩子们发放奖学金，以此扩大他们学校的学生范围；其次，他们认真考虑把学校的管理权转交给非宗教的世俗的人们，完全退出教育。他们还接收了一家名为《研究》的杂志，并把它改变为比原先更具有社会和政治责任感的杂志。现在，毫不夸张地说，我认为爱尔兰和第三世界的关系正在再一次被重新界定和解释，在这种新的关系中，爱尔兰可以说我们不属于第三世界，而是它的第一世界的帮助者，既是精神方面帮助者也是经济方面的帮助者。此外，回国的耶稣会教士还带回这样的信息：第三世界深层的压迫、贫困和饥饿使我们不同于他们，但恰恰是因为这种压迫，第三世界在政治和思想上比我们可怜的、愚昧的爱尔兰人更加先进。我们把第三世界作为说服自己的方法，使我们相信，我们不仅不属于第三世界，而且从未被殖民化。如果说我们曾经被殖民化，那也是我们祖辈的事，并不是我们被殖民化了——我们现在已经摆脱了殖民化。

DC：人们不愿意把大饥荒理解为一种特殊殖民关系的产物，你对此如何看待？

SD：我在《作品选》的一篇导言中表明了我的看法：在世界走向富裕的情况下，不论在索马里还是在其他十来个穷国的任何地方，极端饥饿的现象都是爱尔兰人民应该敏锐地了解的现象。不论出于多么良好的慈善动机，对那些地方援助金钱或运送食品，都不会触及它们结构上的问题，而正是社会结构问题造成了饥荒，并不断地造成新的饥荒。爱尔兰人了解这一点，因为在大饥荒时期，他们是慈善团体和各种自救计划的受益者，而且他们知道大饥荒是经济体制的产物，爱尔兰是那种体制最受剥削的"参与者"之一。

DC：然而，在户外联谊会的《作品选》中，我觉得人们不甚愿意具体说出一个唯物主义的日程。我不知道是否那是因为关系到激进的、特别是马克思主义的政治，是否强调文学和政治是对关注经济问题和暴力的政治的一种安全替代，户外联谊会能否详细说明那些联系，或者是否它必须逃避它们才能作为一个集体继续存在。

SD：那是一个困难的问题，但我认为你是对的。我们还没有清晰地阐述它们，而我们应该清晰地阐述它们。我可以告诉你——我觉得我是诚实的——我们现在的出版工作，将采取一种更唯物主义的方式。我想说那是真实的，因为我希望它是真实的。

DC：你的意思是不是说，在它作为一项工作的实际安排中，或者说在出版工作的具体唯物主义日程的阐述中，它是真实的？

SD：我主要是说第二点，但如果可能两者都做。事实上，如果不是两者，就会出现不和谐的情况。但是，关于这次选集的计划，我发现既有趣又无趣的事物之一，是写作、话语和文学观念的吸引力，脱离物质生产条件的写作的吸引力，或我前面说的关于爱尔兰文学的话语的吸引力。你也许会这样提出问题：为什么如此狭小、管理不善、经济遭到破坏、受人剥削、微不足道的这么个肮脏的地方，竟产生出如此众多的作家？现在，由于你试图系统地回答这个问题，"遗传的"观点最终悄悄地出现："爱尔兰人就是那个样子"，"爱尔兰人善于修辞"，"爱尔兰人富于雄辩"。不管你多么想排除那种看法，那种依附于它的本质主义的最粗糙的形式之一，它仍然以蜿蜒曲折和优美的形式不断地重现。你慢慢地认识到，你在一个地方越过了河流，而在另一个地方它又展现在你的前面。这种情况一直都在发生，使人焦虑不安。于是我说，我也许可以使这件事本身成为一种现象，也就是你已经正确地说明的那种看法的现象。但那一方面正在消失，如果没有消失，那它的不在场就是存在的最高形式。

DC：但是，在某种意义上，它不可能完全是偶然的。我还想到了《凯尔特人的复兴》，尽管它谈的是暴力和政治，但它并没有严格的理论框架。也许这完全适合那种作品。可是，有没有政治压力妨碍你论述那些问题？在这里的大学里对你有没有政治压力吗，是否会把你与恐怖主义联系起来？或者，它真的只是一种偶然或疏忽吗？当你像户外联谊会或左派那样有力地进行文化干预时，我很难相信这一点。

SD：我不会说那是疏忽，不会的。我觉得很难坦诚地回答，或者应该说，很难做真正的回答。朗格利、康纳尔·克鲁斯·奥布赖恩和通常怀疑我们的人，已经把我们与恐怖主义联系在一起，他们说我们是临时爱尔兰共和军的文化羽翼。顺便提一下，自从《作品选》出版以来，这些指控愈演愈烈。我并不担心他们的这种联系，但户外联谊会的其他一些人却很担心，他们觉得，在贝尔法斯特的某些地方，如果被认出是户外联谊会的成员会非常危险。也许真的是如此。但更确切地说，真正的危险是被称作马克思主义者。我们已经被贴上了思想家的标签，而这在爱尔兰就是马克思主义者的代码。

DC：是否正在为《作品选》的第四卷构想一个特定的政治日程表？

SD：第四卷比前三卷要多，但它将由编辑小组来做。在某种意义上，户外联谊会出版第四卷是对前三卷的综合和批判，但实际上综合和批判工作是掌握在小组成员手中，而他们没有一个是户外联谊会的成员。

DC：就某些方面而言，这似乎是一种不申明政治立场的方式。在最初的几卷中，你甚至使用了"普遍的"一词，考虑到这里的宗教纠纷，它显然产生了特殊的反响。该卷声明的目的是，"揭示并确认存在着一种连续的传统，它包括所有群体和党派的贡献，其中可能出现的更宽容、更容易接受的爱尔兰文化成就的概念，对探讨这个岛国今天面临的深层的、明显不可缓和的一些问题，将成为一种普遍的、和平的方式的基础。"

SD：那是一种方法。

DC：确实是一种方法，但这种方法具体地否认了政治立场。它几乎是多元主义的，不是吗？多年以来，爱尔兰的"热情和宽容"已经为英国和美国提供了便利。这就是旅行委员会眼中的爱尔兰。

SD：这里有一种说话的准则。关于乔伊斯①、罗伊·福斯特和其他一些人,我抨击过作为政治问题的多元主义。实际上我说过,看在上帝分上,把我们从自由主义的多元论中拯救出来。另一方面,我知道,自由主义的多元论渗透到那个导言当中。

DC：我是否可以把这点与你说过的其他东西加以比较,例如关于德里克·马洪的评论？"对产生暴力的深层的认识,常常会导致对明显浅薄的自由主义或理性意识的沮丧情绪。马洪极其蔑视现代社会主义者,蔑视访问一切、衡量一切而又对一切一无所知的职业旅行者,蔑视封闭在自己力量领域的专家。实际上,这种人是世俗的市民性的产物。由于缺乏激情,他没有对历史的渴望,也不知道彻底消失的悲伤,而这些生命的本能却都了解。他游历于失去机会和希望的死后的生活之中"。② 这是比"作品选"里的声音中更激进的一种声音。

SD：我不敢肯定我喜欢这种激进的方式。它开始变成一种右翼激进主义,或者自称是一种自由主义的多元论。你对此说的话实际上是一种犹豫不决,同时也是一种否定。确实,这里有一种调和在继续。《作品选》的物质条件之一是:假如我们说它确实是一部伟大的马克思主义的选集,我们就不会得到出版资助。但是同时,我也不是说,假如我们有钱,我们就会出一部马克思主义选集。

DC：现在让我回到美学和话语的问题。你多次为反美学而争论,在你的《平民和野蛮人》一文里,你把皮尔斯和叶芝并列起来,提出一种关于政治和美学的观点。③ 你谈到你不情愿地

---

① 詹姆斯·乔伊斯（James Joyce, 1882—1941）,爱尔兰小说家,作品揭露西方现代社会的腐朽一面,多用"意识流"手法,语言隐晦,代表作《尤利西斯》。
② 谢默斯·迪恩:《凯尔特人的复兴:现代爱尔兰文学的散文》,伦敦:Faber & Faber, 1985 年,第 161—162 页。
③ 谢默斯·迪恩:《平民和野蛮人》,载《爱尔兰户外联谊会:户外联谊会戏剧公司》,作者为谢默斯·希尼等编,伦敦:哈钦森出版社 1985 年版。

承认皮尔斯具有良好的政治头脑,但诗却写得很糟。作为一个诗人,你是在一个特定的美学框架内进行这种区分的。你也讨论了读者,意识形态的非神秘化,以及对刺耳的政治真相的阻塞。但是,显然你没有看到自己诗歌的非神秘化的作用,也没有看到户外联谊会的非神秘化的作用。

SD:我把它的部分作用看成是一种非神秘化的作用,确实,它是在有限的范围内的有限的目标,例如,对模式的非神秘化。

DC:考虑到你的区分,非神秘化包含更多与皮尔斯而不是与叶芝一致的东西。

SD:你等于说,我们以叶芝的姿态沿着皮尔斯的方向前进。

DC:是的,至少在志向方面。

SD:我认为这是事实。我不太喜欢谈论自己的诗歌,但是,最近我一直使用一种美国歹徒的语言,或者一种他们惯用的语言。诗歌主要是关于北方、暴力、纠纷和遭受杀害的人们。作品写的全是这些事情,并把它们纳入刻意构想的最轻飘空洞的抒情形式。它坚决使自己脱离实质的内容。这就是你在《作品选》里看到的一个动向。它是我从未面对过的一种行动。这使它似乎显得怪异。由于某些原因——并非全都适合我——我处理得还不够充分。我一直在想下次我写的时候要做得好些。

DC:在《平民和野蛮人》里你已经以某种方式做了。你把作为话语构成的恐怖主义,与爱尔兰作家对英国和现在也许对美国的伪原始主义联系了起来。你指出,正如作家操纵读者那样,"这里更集中地操纵着平民读者,操纵着他们对其他类型的外来者的反应——罪犯类型的外来者,首先是政治罪犯类型,也就是你的友好邻邦的恐怖分子。从英国平民的观点来看,这种陈旧的模式有着传统上野蛮人的所有缺点。"但甚至暴力本身也是一种话语的构成,变成审美化的东西。你试图通过某种审美活动来使它的政治非神秘化。

SD：是的，使它的政治非神秘化，但做得不够充分，还没有区别开来。那是户外联谊会的问题。我们所做的任何非神秘化和反美学的姿态，并不只是通过我们在戏剧中、有时也许在《作品选》中所做的审美化和神秘化的姿态而达到平衡。但主要问题是，我们陷进了在这些所谓的两极之间弹跳的困境，而不是推进另一面并从中走出。

DC：这是怎么发生的呢？是根据听众对特定的剧本、对小册子的反应吗？

SD：在小册子系列中，有一本题名《高压统治的历代王朝》，说的是在爱尔兰和英国统治下南北方腐败的法律系统，换句话说，就是我们现在说的特别立法，它已成为爱尔兰、英国和北爱尔兰统治下的一个永久特征。直到那时，这些小册子已一直受到读者的欢迎，即使一般会抱怨它们是理性的，学术性的，有点太专业化，等等。因此我认为，由于《高压统治的历代王朝》，我们这里谈的是司法制度，并揭露了一、两起非法监禁残的暴案例。和我们以前的小册子一样，我们印了大约两千册。接着，突然之间，它们积压在商店里。没人购买它们。我至今找不出原因。我们还剩下大约八百册。我们做了人们说我们应该做的一切：谈论当时热门的政治问题，观察一种压迫的制度在该制度内部的发展变化，然后说明它事实上是那种制度的产物，而不是加进去的外来干涉的东西。我觉得我们就像是听话的好孩子，我们完全按照读者的要求去做。残酷的销售数字令人失望。我感到迷惑不解。

这似乎证明，如果我们公开讨论政治和暴力，如果这些问题未被纳入对叶芝的精神英雄的讨论，或是对乔伊斯的后现代主义的讨论，人们就会说不，他们就不想知道。他们非常乐于阅读旧的小册子，并埋怨我们没有探讨平常的世界。但是，如果我们真的论述所谓的平常的世界——它当然非同平常——即人们生活的世界，他们又告诉我们回到我们知道的东西，也就是叶芝和乔伊斯。

DC：这些小册子是什么内容？是理论性的吗？

SD：在很多情况下，它们是直接的经验的描述。其中一篇是帕特里克·麦克格罗里写的，他保护过许多新芬党成员，曾被卷入直布罗陀谋杀案。另一篇是一个名叫伊纳·莫洛伊的年轻律师写的，他对于人权很感兴趣。第三篇的作者是迈克尔·费雷尔，他是 1968 年北爱尔兰人民民主党的创始人，时下他是一名诉状律师。他们都是法律界的专业人士，视理论为无用之物。

DC：所以缺少了文学的因素？

SD：我们曾努力描述那些使我们可以避免观察政治现实的东西。

DC：那么，那些干预本身、年度戏剧、小册子又怎么样呢？像"十四天"那样的团体以非常不同的方式工作，我们可以说，它导致关于不同议程的摩擦。它几乎是卡瓦诺那种关于地方与教区关系的传统概念的翻版，他对后者持肯定的态度，而前者持否定的态度。① 在某些方面，"十四天"宣扬一种独特的教区议程，而户外联谊会由于不是地方性的，对事物有一种更广阔的全球意识。

SD：一旦问题被构想为卡瓦诺的反面，我们总会被指责缺乏现实性，并因此被指责太倾向于理论，即使实际上我们从未达到理论化的地步。另一方面，如果我们引进弗雷德·詹姆逊和爱德华·萨伊德，我们就被指责引进了非爱尔兰的知识分子来写爱尔兰，而这些人不可能像生活在爱尔兰的那些人那么熟悉地了解爱尔兰。但是，随你指责，这就是典型的户外联谊会的态度，因为户外联谊会也不了解爱尔兰。人们无休止地进行这种远和近的

---

① 见迪恩的《凯尔特人的复兴》，第 16 页。

游戏。朗利迷恋的事实是,她的生活靠近种种动乱。尽管生活在贝尔法斯特的那个区,你和我一样接近动乱。而她甚至不是来自北方。接近与远离是一个空间的隐喻,表示忠诚和不忠诚,了解境遇的复杂性和把那种复杂性转变成一种粗糙的偏执的修辞。

当然,我们也为此受到指责。例如,我曾经说过,我毫不惊奇,非天主教徒的屠杀比天主教徒的屠杀更加病态,这是由既定的历史和既定的压迫决定的,因为新教徒不得不对他们自己也实行压迫,以便缓和既是公民自由的拥护者又是天主教徒的压迫者这二者之间的矛盾。这两者必然相互联系。于是,就引起了麻烦。我被指责说了新教徒本身是病态的,并且说了因此不存在爱尔兰共和军的虐待者或英国部队的虐待者。不仅因为我是反新教徒的,而是因为只有脱离了这个境遇的人才会以这些极端的词语来描绘这种境遇。我知道这是一种复述活动,并且它总是在与户外联谊会的关系中反复出现。

DC:听说你不理解南方。科尔姆·托伊宾也恰恰因此而挑剔《作品选》。①《作品选》出现时,他这样说:"墨守成规的爱尔兰民族主义者一向难以与二十六个郡相处。他们相信,这二十六个郡是被疏忽的地方,等待着我们全岛统一和英国撤离的日子的到来。这就否认了南部爱尔兰一直在形成自己的习惯,走着自己的道路。"于是,他就把"现代欧洲的南方"与北方的危险分离开来。

SD:托伊宾写过一部没有意义的书,题名《边界漫步》,讲述他沿着北爱尔兰边界所做的一次徒步旅行。那是托伊宾对北方认识的总结;我在北爱共和国度过了二十四年。但那是一种老把戏,不是吗?我们与北方连接在一起,我们过于迷恋北方,因而我们不能高瞻远瞩。另外某个人必须对我解释,因为我已经听

---

① 引自朗利的《贝尔法斯特日记》,第21页。

腻了,没有对它加以分析。我对此确实非常气愤。因为我知道它会无止无休。不管我写些什么,我都会被指责太多地卷入到地方事务。

DC:在这个实例中,不是在卡瓦诺的意义上,而是把北方作为一个省考虑的地方的意义上。最后,你的诗怎么样?你现在还在写吗?

SD:我把写诗当作度假,我的许多同代人也应该这样做。

DC:你不想说说是哪些吗?

SD:我想我不应该说。大约一年之后,估计我会完成另一本诗集。我现在正在尝试一种不同的诗。我还完成了一本关于北方的小说,题名《在黑暗中阅读》,虽多次修改,但还是不愿将它出版。你也许已经看过它的广告宣传。它差不多有六次准备面世,但现在人人都觉得有些难堪,不会再提它了。我现在正在写诗,但也会发生变化。不过,我不会做任何令人惊讶的事情,不会变成一个多产作家。

采访杰弗里·奥布赖恩[①]

查尔斯·伯恩斯坦（以下简称CB）：《美国诗歌：二十世纪》的前两卷是非凡的选集，所选的诗人出生于1838年（亨利·亚当斯）到1913年（梅·斯温森）之间。我说它非凡不仅因为我喜欢选集中的作品——我确实是喜欢——而且还因为它可以作为对一系列诗人的反应。你不仅包括了其他大部分选集中的诗人，而且还包括了许多几乎从未在当代美国诗歌选集中出现的诗人。你包括了流行的和激进创新的诗人，轻量级的和重量级的诗人，这些诗人有的在他们自己的时代备受关注，但现在已被冷落，有的在他们自己的时代几乎默默无闻，而今他们的声誉似乎正日渐高涨。选集还收入了从科尔·波特到罗伯特·约翰逊的典型的流行抒情歌曲。简而言之，你提供了一部历史的或阶段的诗选，但不只是包括"最好的"——任何人都认为好的——而且还包括20世纪上半叶那些反映诗歌多种取向的诗作。我认为这种方法不同于多人选的诗集，那些编者各有自己的趣味，只选他们自己喜欢的诗歌。我的感觉是，这部选集中的一些诗并不是因

[①] 我和杰弗里·奥布赖恩在2000年8月交换了这封电子信件，当时正是美国图书馆出版《美国诗歌：二十世纪》前两卷之际。这部文集是美国图书馆先前出版的十九世纪美国诗歌选的继续。本部诗选的咨询委员会由罗伯特·哈斯、约翰·霍兰、卡罗琳·凯泽、纳撒尼尔·麦基和马乔里·珀洛夫组成。奥布赖恩是美国图书馆的编辑。

为钟爱它们才被入选的,而是出于其他原因。你能否谈谈你对这些"其他"原因的感觉?从历史上其他的诗选以及这一时期的诗选看,这种诗选的先例是什么?

杰弗里·奥布赖恩(以下简称 GO'B):很容易说这部诗选的目的是历史性的——提供各种风格、题材、社会思潮等等的总体概貌——但显然这样一种方法也可能形成一种完全不同的诗选。事实上,一些主题诗的收入——比如萨拉·克莱霍恩关于童工的四行诗,埃德蒙·威尔逊关于第一次世界大战的诗,罗伯特·希利尔、约翰·皮尔·毕晓普或威持·宾纳关于第二次世界大战期间美国军队中的种族歧视——是一个独特的方面,但在编辑中却是一个相对次要的方面。这种诗成千上万,可以充实许多精选的著名诗集。关于萨柯①和万泽蒂②案件的诗你就可以编整整一卷。形式方面也是如此:我们高兴地发现六节诗或俳句或警句,它们也都可用,但同样不是主要的指向。有一位诗选的读者说,它可以作为一本小说来读,这话更接近我们的目的。在某个方面,诗选像小说一样有它自己的规则,入选的诗似乎都提供某种组成因素——一个短语,一个地方,一种肌质,一种观点,一种节奏,一种设计模式,一种特点——它们会深化整体效果,表明在其他情况下就不那么显著的音调或特征。当我说"规则"时,我并不是指一套先前存在的指导方针,而更像是战场上不断变换的要求,或者像围棋比赛中不断变化的路数;仿佛一首诗与另一首诗呼应;偶然碰到的一些诗像是非挤进来不可,因而会改变选集的界限,哪怕轻微的改变。问题的焦点有意识地集中于每

---

① 萨柯(Sacco,1891—1927),美国的意大利移民工人,与 Vanzetti 被控杀人抢劫,电刑处死,此案曾引起世界各地抗议,被认为判决系出于政治偏见。
② 万泽蒂(Vanzetti,1888—1927),美国 Sacco-Vanzetti 案中刑事被告人之一,意大利移民工人,因被指控杀人,遭逮捕定罪,被判处死刑后,世界各地举行抗议示威。

一首可能入选的诗或诗人能对整体产生什么作用。于是它变成了一本集体创作的"世界之书"。

　　编选过程中有这样一种设想：次要诗人的作品不会被重要的诗人重复，而每一个首入选的诗由于产生一种别处不会重复的音调或态度，都在诗集中赢得自己的一席之地。奇特和怪异的诗备受欢迎，因为这是美国诗歌充满奇异色彩的一个时期；而平淡无奇的作品，即使富于技巧也有可能淘汰。换句话说，我们无意于引导人们了解过时的趣味，或者提供各种拙劣的例子，虽然读者很可能觉得某一部分作品不合他们的口味。几乎不可能想象有人会喜欢选集的每一首诗，但我必须说，多年的熏陶使我远比以前更喜欢一些公认的非常不重要的诗人。

　　CB：我赞赏你日益喜欢次要的诗人。这个时期非常突出的一个特点是，许多诗歌形式和风格的命运发生逆转：有些不仅在它们自己的时代被认为是不重要和怪诞的，而且直到前不久还是如此，但现在它们似乎最有影响力；而许多公认是重要的形式和风格，现在看上去更像是一些从以前留级下来的。当然，许多人会对我刻意指出的具体特征与我争论。美国图书馆的选集仍然保持重要和次要之分，至少按照巨大的页数差别考虑是如此。华莱士·史蒂文斯占 73 页，紧接着他的韦切尔·林赛占 20 页，而安吉丽娜·韦尔德·格里姆基只有 3 页（这本选集是按诗人的出生日期安排的）。我理解你说的不要只是历史性的，或不加区别的历史性。非常清楚的是，编选这本诗集是为了供人阅读，而不是提供一个代表性的记录。但是，任何一位优秀的历史学家或编辑都会做出这样的判断。我可以说你挑选了典范作品，但那只能是对什么是典范不加证明的判断：2000 年什么看上去是有意思的、中肯的、信息多的、出乎意料的东西？在某种意义上什么保持着活力？按照这种方式，我的确认为你在破坏重要和次要的区分，因为如果我像你表明的那样，把这本选集当作一本完整的著作阅读，那么占据较小部分的入选者就不能不读。全书有一种整体感，而不是一系列的明星轮流或连续形成高潮。这本选集坚持诗歌是为了阅读，如果你只想跳到所谓的佳作部分，那你就丢掉了整个故事。反过来，这也是对依然盛行的一种诗歌阅读价值观的冲击——那种观点认为，真正重要的只是一些杰作，那些少见的珍品。阅读以这种方式筛选过的诗歌，等于使它脱离社会领域，失去它的生命活力。这种阅读不仅使被忽视的诗人丧失，同样也会使史蒂文斯大受损失。诗的精神——且不说什么对诗重要——只有全面读诗才能体验，不仅要找出不同类型的作品，而且还要找出成功的不同程度和不同标准。这不仅因为读者对什么是最好的诗意见不一致，相互指责对方愚蠢地把次要做成了主要的，因此对于究竟选谁不可能真正达成一致。问题是对"少数"本身的看法：诗歌是一个社会领域，它的意义部分来自诗与诗之间的关系。去掉那个社会领域，就等于使诗脱离使它们产生意义的文化语境。相比之下，许多诗集的多元主义恰恰采用标定的范畴，选取每一范畴"最好的"作品：实际上混淆了主要/次要的区分问题。另一种说法是，像美国图书馆这样的诗选，有助于使史蒂文斯成为少数的诗人，使他重返诗歌。然而，若实现这点，只能通过对诗歌的精选，不仅史蒂文斯的诗，而且还有它们周围的诗。这种过程需要更多编辑上的介入，而不是采取典型的"影响巨大"的方式，后者常常因为它高傲的标准而造成某些缺憾。如果诗选在某种程度上是玩弄外壳的把戏，那么关键是不仅亮出豆子，而且还要展示壳子，否则你可能一无所得。

　　所有这一切让我想起一个故事。两位评论家谈论他们理想的诗选。第一个评论家比较了两部诗选。他认为第一部诗选只包括最完美的作品，高尚的内容配以完美的技巧。另一部诗选是个大杂烩，参差不齐，有好有坏，有的有希望，有的夸张或过于炫耀，有的完全不可取，有的勉强可以接受。最后，第二个评论家站起来发表意见,他说他完全同意第一个评论家的看法:对这两部诗选描述得很精确。其中一部选集确实非常杂乱,无疑另一部非常整齐独特,没有什么不完美的东西。唯一的问题是,它是空白的:里面没有一首诗。

格里姆基的诗《黎明》对此有所暗示:

> 灰暗的林木,灰暗的天空,没有一颗星星;
> 　　灰暗的薄雾,灰暗的沉寂;
> 然后是,脆弱的,美妙的,在远处
> 　　隐居的鹈鸟。

在诗集中,这首诗紧跟在史蒂文斯的《纯粹的存在》之后——即非常著名的以"手掌在思想的最后"开始的那首诗。两首诗仿佛是在对话,仿佛整本书都是以巴赫金的方式狂热地对话(想到巴赫金):

> ……一只金丝鸟
> 在掌中鸣唱,没有人的意义,
> 没有人的情感,一支陌生的歌。
> 于是你知道这不是使我们
> 愉快或悲伤的原因。
> 鸟儿在鸣唱。羽毛在闪光。

GO'B:对话的想法——诗人倾听和回应其他诗人——在这里是非常基本的东西。有时很清楚——例如海厄姆·普卢特齐克写给T. S. 艾略特的反犹太主义的公开信("让我们一起来为我们的流亡而哭泣"),或者卡尔·桑德堡在阿德莱德·克拉普西过早去世时的挽词,或者是马科斯·伊斯特曼对吉纳维夫·塔加德的大发脾气，或者吉纳维夫·塔加德用诗歌做城市地图（"我自己，我现在生活在恐惧……我听说泰特区的租金异常的昂贵"），或者威尔逊在他的滑稽性模仿诗《A. 麦克利什煎鸡蛋卷》里让阿奇博尔德·麦克利什吃苦头，或者林德利·威廉斯·哈贝尔自由地联想有关被遗忘的诗人（"有米纳·洛伊，埃兹拉·庞德/把他看成是和玛丽安娜·穆尔一样优秀的诗人，/现在已完全被遗忘［尽管她也许会重新流行起来了］"）。还有些被掩盖的诗人，他们被人阅读、吸收然后遗忘——例如，唐纳德·伊文思，史蒂文斯了解他，也阅读他的作品，他的《戴单片眼镜》想必已渗入《我叔叔的单片眼镜》之中；又如阿尔弗雷德·克里姆伯格，他有时被看作与威廉·卡洛斯·威廉斯相差无几的同样优秀的诗人：

> 已经达到
> 单一的、高高的
> 茎梗的
> 最高点；
> 像铃儿那样悬挂
> 以自己
> 微薄的重量；
> 有六朵花瓣……

在30年代的某个时间，你可以听到伊丽莎白女王一世时代和詹姆一世时期的诗被整个提升进美国诗歌（从艾略特和哈特·克兰，经詹姆斯·阿吉、路易丝·博根、伊沃·温特斯、德尔莫尔·施瓦茨）。你也可以追溯从巅峰时期流传下来的朴实无华的美国抑扬格诗歌，从埃德温·阿林顿·罗宾逊（"这里又是他住过的房间"）经弗罗斯特（"散开的水形成模糊的喧闹"）

到伊丽莎白·毕晓普("猪伸出它们的小脚哼哼叫")。还有,惠特曼的影响不断在同胞中回响,如查尔斯·厄斯金·斯科特·伍德和阿图罗·乔维万尼提,以及更粗犷和更尖锐的罗宾逊·杰弗斯。杰克·斯拜塞的话成了这项事业的一个座右铭:"诗歌应当发生回响,彼此之间反复回响……它们不能再像我们那样独自生活下去。"

这决不是要贬低单个的诗或诗人的独特性。恰恰相反:让诗人相互碰撞时,他们的特性会更加突出,更引人注目。回响会永远持续下去,并且从某种意义上说,这样的诗选会无限地延长。如果它不是这样,那是因为太多的人难以忍受。长度并不是终止,或者说没有更多的作品了,而是受到注意力的限制。因为一个人阅读的越多,要做的事就越多,例如,在斯基普威思·卡纳尔的一首单独的诗里,发现了它进入集子的方式(在11点钟,我可以补充说),现在我把目光投向那首诗,发现:

> 没有陆地和海洋
> 黑人是否像是柏树午夜等候
> 在坟墓的地方

我想,这是自惠特曼以来美国诗人一直在努力的那种伟大的、无止境的意象诗里的一个完美的诗节。还有那些许多对未来,对五六十年代的诗,以及对21世纪的有预兆的回响——它们写于1920年或1936年。"难能可贵的流氓,在他黑暗的房间里,/手里拿着一把钥匙,"鲍勃·迪伦唱给康拉德·艾肯听。所有这一切都没有回答重要/次要的问题,但是从很多方面看,这似乎是个错误的问题。重要的诗人是每个编纂这些书的人都觉得重要的诗人。更仔细地考察,他们作品的内容都极其丰富而且极有意趣;它们给人的印象是它们必须存在,不可或缺。(我也想把这点用于林赛这样的诗人，他要求一定数量的空间，少了就不能充分表现。查尔斯·奥尔森无疑想得到比我们能给他的更多的空间；那引起了一番争论。）

CB：毫无疑问，20世纪的诗歌阅读受到一种观念的困扰，即它是孤独的、自足的一种艺术作品。作家们也一直认为如此，但情况并不是这样，读者总是在进行发现。那些讨厌诗选的人，无论像你这样的断代诗选，还是更具美学观点的杰罗姆·罗森伯格那样的诗选，都可能忽略了这个事实。（我想提出，可以与你的诗选为伴的是，罗森伯格和皮埃尔·乔里斯合编的《千禧年诗集》第一卷和罗森伯格编的《文字的革命》。）至于奥尔森，难道你不知道缺少诗选的空间对于美国出生的诗人来说是一个重要事实！奥尔森在第二卷上的31页，实际上难以容纳《最大限度》一首诗，但它却代表所选诗歌的三分之一，而伊丽莎白·毕晓普紧接着他的31页，由于她正好年龄小一岁，也许更好地表现了她的诗作。考虑到作品的不同性质，这是不可避免的。然而，还是有令人愉快的公正的，在比较受忽视多年之后，有了全部乔治·奥本的《不连续的系列》和路易斯·朱科夫斯基的《以"The"开始的诗》，这是他们各自的第一篇重要作品，即使读者以后不得不买他们的书来了解他们后来的整个作品。同样，洛林·尼德克和斯特林·布朗每人只有9页，但却是闪光的作品，而梅尔文·托尔森的13页则把人引向正确的方向。尽管亚伯拉罕·林肯·吉莱斯皮和约翰·凯奇每人只有3页，但那短短的几页却具有轰动性，足以开创种种可能的全新的文本。另外，给尤金·乔拉的只有一页，但这是非同寻常的一页：这是美国人对雨果·鲍尔的回应，它像节奏鲜明的摇滚。但我不想做这种算数游戏，也不想说我喜欢做什么游戏，或者我想说我做的是什么，但反对那种反射性的反作用。尽管如此，还是应该注意一下第二卷，它是以1894年出生的E.E.卡斯明的作品开始的，有力地再现了一些我非常喜欢的"有时被忽略"的诗人。确实,这第二卷充满了比你在中央公园看到的更多的"死角"或古怪的东西;在两卷当中,我认为这是最引人兴趣和最令人吃惊的地方,因为在这些第二次浪潮的现代主义者中间,新奇的巨大成功长期被他们最近的前辈掩盖。我很高兴地看到,你收录了我非常喜爱的奥格登·纳什的诗作,他那伟大而未被认识的宣言反对隐喻的语言,但为语言的物质性辩护。他的"非常像一只鲸鱼",在接近结束时写道,"雪是白色的毯子。啊,它是,是不是,那么好吧,你躺在毫无诗意毛毯材料的半英寸的毯子下面,我们会看到哪个保暖。"

GO'B:对喜欢的事物命名,或对喜欢的结合命名是难以抗拒的。我喜欢相对隐晦的沉思者的方式,如罗伯特·弗朗西斯和林德利·威廉斯·哈贝尔,他们通过在消亡边缘的沉思相互彰显,例如弗朗西斯的"博物馆的花瓶"和哈贝乐的"和歌"。正如你指出的那样,第二卷具有更大的刺激,因为这些诗人有许多都不曾被详细地编入诗集。例如,我希望伊沃·温特斯的作品更突出一些,虽然有过对他作品的精选,但选的越来越少,他应该与更多的早期意象派诗人并驾齐驱。戴维·舒伯特是另一个最常被选集忽视——或完全被忽视——的诗人;就像阿什贝利和其他人这些年所说的那样,他是"纽约诗人"那种风格的独特的先驱。玛丽·巴纳德——一位健在的更多地以庞德和 H. D. 传统来写作的诗人——同样也受到忽视。我希望,这些通常零散选收有时甚至不选的情况,如果并置起来会形成灌输的作用。节奏和意象确实开始以意想不到的方式相互反映,例如,从莱特宁·霍普金斯读到梅·萨顿时,她的"因我的领域而非常孤独"突然会像是"布鲁斯"民歌。这样愉快的意外和看似随意的联系,与发现诗人或编选者有意识地表达的东西具有同样的效果。每一个读者,每一次阅读,都可勾画出新的地图。

作为结束,我想指出,这两卷选本获得了异乎寻常的成功,已经在发行第二版。美国图书馆的目的不只是为了出书,而是为了使尽可能多的人得到这些书,就此而言,这个目的已经令人满意地达到。我希望不久我们能够增加第三卷,扩展到20世纪五六十年代或更近一些。当然,考虑到可能入选的诗人扩大的数量,这样一卷将需要更严格的筛选。不过,令人兴奋的是,我们将把前两卷的方式延伸到更近的这几十年,只把我们同代人以及晚辈留给未来的第四卷。与此同时,最好这两卷能激发对这些诗人的进一步探讨和发掘,因为他们的作品有许多东西尚未触及。这是一个极其丰富的时期,二十几个单个的人很难再现出来。

关于诗歌、语言和教学：
与查尔斯·伯恩斯坦的谈话①

查尔斯·伯恩斯坦（以下简称 CB）：感谢邀请我来匹兹堡。我很高兴受到你们三个方面的邀请，据我所知，你们系由这三方面组成，即写作、文学和文学理论以及创作。我喜欢想象作为这三个部分的综合，我会做些什么，尽管在我的实践中它们是非常杂乱的拼凑。毫无疑问，我对任何事物的标准都格外不安，例如规定的或学科规范的方法。我觉得自己与任何标准都不一致，因为我使自己处在它们交叉的地方，虽然这是个不安定的地方，但可能也是有用的地方。

如你所能看到的，我的演讲"意识形态的方言：她/他说标准的英语"，更多的是表演而不是演讲。我把一系列的评述（段落、章节）收编汇集在索引卡上，把卡片改组，然后解读产生什么效果。在准备这些卡片时，我考虑三个要素：关于方言诗歌与我称作表意方言（ideolectical）诗歌的关系，或者与用自创的句法而写成的诗歌的关系；关于非阐述文章的讨论；以及选自

---

① 查尔斯·伯恩斯坦于 1996 年 1 月 25—26 日来到匹兹堡大学英语系，此间宣读他的诗作，发表演讲，给一个研讨班授课。颇为紧张的两天结束后，伯恩斯坦与戴维·巴托洛马、林恩·伊曼纽尔、科林·麦凯布尔以及保罗·博维做了一次谈话。非常感谢戴维·巴托洛马，是他完成了这个文献的抄写并投入大量时间对抄本进行编辑和校对。

《黑暗的城市》的称之为"没有门的锁"的系列诗歌。在努力去发现追踪我对于语言标准化不安的方法的过程中,我认为这种形式将使我正在指出的那些联系以某种方式自己说明自己。首先,我想谈谈我以这种方式所看到的问题,某种标明是"官方诗的多元文化主义"玩弄的一种身份政治,这种身份政治很快变成了自我表现的诗学的群体版本,而这种诗学长期以来与"工作室"的抒情诗相联系。也就是说,我发现对"群体"身份未经思考的表达和评价,不论从政治还是从美学上看,与对"自我"身份的直接表达都是令人怀疑的。我说,这种认识也许与我们大多数人的考虑相矛盾,因为我们不仅关心独立自主的人民有权决定他们的民族身份,而且也关心各种"未被充分再现的"群体必须维护它们自身的价值。现在我非常担心太多想象的血统被描绘出来,太多的群体和民族身份被投射出来。诗歌和这些问题非常密切地联系到一起,无论它被用于维护个人声音的完整性,还是用于发明——常常等于发明——一种民族的语言;也不论它是维护还是回避或阻止——可以说是重新想象——这样的形成。这就是为什么休·麦克迪尔米德一直对我非常重要——你知道,他被赶出了苏格兰民族主义党和共产党——[笑声]:两个党对他都无法容忍!他既是地方主义者又是国际主义者,与两种单一逻辑理解的立场都不相容。这就是为什么他的作品,他对苏格兰方言的再创造,构成了一种非常重要的干预;不排除特殊性就不能确定身份的构成。

科林·麦凯布尔(以下简称 CM):我不知道是否可以请你再深入一步。在你讨论的某些事物中,似乎你在呼吁一种绝对多样性的声音……

CB:这个,我必须说是相对的多样性,因为我决不会说一种绝对的……

CM:……对,是相对的多样性,但相对是出自何处呢?请你再进一步谈谈这点。

CB：我不太清楚。……它基本上是来源于西欧……南斯拉夫，苏联的崩溃……

CM：是的，这正是我的观点。标准英语是强制推行的，对吧？在整个交流中强制推行的一套话语。然而，如果你接受不是强制推行的观点，那对哈佛的毕业生来说是可以的，但对那些确实没有任何机会取得那种待遇的人……如果说"快一些，你知道，从你自己的方言中得到乐趣"——那就等于强行把他们限制在一个绝对的语言隔离区。

CB：我与你有着同样的担忧，而且也没有容易的答案。我对巴西尔·伯恩斯坦有关等级规范的研究很感兴趣，在这方面他谈到了只能使用自己方言的那些人的"受限制的规范"，以及那些可以自由选择多种方言的人的"不受限制的"规范。伯恩斯坦被指责对那些使用受限制规范的人的看法带有某种蔑视，但这种指责误解了他的观点。问题是，你不可能从不受限制的规范返回到受限制的规范；这并不是说处于不受限制的规范是一种更好的处境，而是因为它不可逆转。我认为标准英语和教育的过程造成了一个不可逆转变化；它破坏了对方言、口音以及俚语的一种根深蒂固的自然关系，并且我……我认为在大学的语境里，一个人基本上总是在教授表意方言、标准化和修辞学；一旦人们到达大学水平，他就不会只是简单地说"哦，开始吧，做你在做的事情。"我要对我们写作和说话的方式采取批判的态度，这并不是说，"只是继续做你正在做的事情。"这就是为什么我说，那些坚持方言和本地话的诗人，不一定论证他们过去或现在只是扎根于某种特定的文化，也不必说他们的语言是这种文化的真实表达。我把这些实践看成是语言学上的创新，看成是文学形式的有独创性的创造，比得上我们认为是那些激进或"实验性的"现代主义诗人的创新活动。它们只是不同的关怀，来自一种不同的……必然性。无论如何,言语的再现总是一种力量的问题——它是修辞的和形式的。在方言方面,说话场景的直接性经常面临着正确拼写的奇异性——我想到了我用作一首诗的题记的卡尔·克劳斯的话:"我们越是近距离观看一个词,那么这个词离我们的距离就越远。"这种作品看上去很奇怪,但那种看上去奇怪并不是随时消失的事物。不过,你知道,很多人都看过方言诗歌,并认为当人们真正去阅读的时候,它的语言的抵抗力和它的词汇的奇妙性就会消失,他们听到来自他们群体的人民的声音。实际上,你所得到的是一种真正物质的写作,它引起声音和按字母排列的视觉性,而视觉性与这种透明性并不一致。于是,当林顿·克维西·约翰逊把"England"拼成"Inglan"时,它既是一种挑衅也是一种发音。我认为,这个问题又使我们回到了以本土语言再现言语的真正基础,或那种关于希腊语、拉丁语、意大利语等等的全部历史。它总是一个方言的问题。并且,当我们谈到诗歌的时候,对我来说,我们就是在谈运用技巧、承认结构的问题。

我想通过研究标准形成的历史和意识形态来质疑正确性的概念。并不是人们不去学习它,而是人们学习它的方式不那么容易把握,不怎么容易欺骗,因此使他们为自己的方便而利用它,而不是受到它的控制。虽然我认为语言总是在一定程度上控制着我们,但这是相对自治的。我想如果你了解那种语言,了解它的由来,它的历史,你用起来就会轻松自如,你就会得心应手,并进行戏剧性的夸张,你就会使它更好地服务于你自己的目的。它不会总是提醒你的错误,你也不会总是查书——你能够任其自然。所以,我认为,毫无疑问大学生学习标准的英语;问题是我们是否压制标准的和正确的这两者之间的差别。

DB:大部分关于教育的话语,在提出你现在的论点时,完全根据你提出这一论点的方式,就是说,基本上根据自然的声音，抒情时刻的抒情冲动……

CB：说的正确。

戴维·巴托洛马（以下简称 DB）：……因此，我们教学生去发现自己的声音，而不是在标准英语内部进行工作。有时这意味着本地黑人英语的句法；有时意味着某人的概念：它意味着一个真实的人而不是一个受制度约束的人；但是，通常赞成你的观点的那些人，他们使用的语言事实上是你大部分作品所用的那种语言。

CB：完全正确。在许多方面，个人评论是大学允许的一个例外，它用来发泄对于语调和声调标准化的失望情绪，也许还超过了语法和词汇。南希·米勒的书《成为个人》就是一个很好的例子，因为她着力提倡在学术写作中个人声音发挥更大作用。假如你说文章的问题过于非个人化，那可能被当作一种性别的指责，同样也许是对我们话语中内在的科学主义的一种告诫，而我们的人文学科工作者没有必要介入这样的话语之中。就是说，在一定程度上，人们可以买到这些东西，现在有一些由菲利普·洛佩特、乔伊斯·卡罗尔·奥茨以及其他人编辑的个人选集，它们都采用与诗歌文化规则产生共鸣的方式——主观、抒情、真实和统一的声音。但是，我觉得……在注重实效方面，任何打破统治的、权威的话语结构的努力都是肯定的，即使它是一种错误的论点。如果只有一种选择，那也比没有要好，因为那样的话，你至少可以对比。然而，你完全有理由以两种立场来指出这些问题。的确，关于写作有很多富有意义的东西，它们与声音等有实用价值的事物相关。还有其他的方法能达到一些相同的目标。例如，人们用磁带去录音，录下他们社区的人以及他们的朋友的声音，然后设法把转录的语言制作地尽可能的精确。我想你会发现，在创造言语的再现方面，有着许多困难和多种选择。我的意思是，要教授这些选择！集中于不同常规所暗示的价值。不必去教人们如何拥有自己的声音，他们已经有自己的声音，你知道，上学去学习声音这样的想法……常见的是由学校让他们彻底弄明白这一点，这使得人们对于按自己的方式来说话感到有些愚蠢，这就是为什么我们觉得我们设法要做的就像是要恢复一种自豪感。这就像把一副"邦德"创可贴敷在不会治愈的淤伤上一样。我能够理解……小孩有时即使没有流血，但他也喜欢邦德牌，他想得到一个创可贴。要是你想得到一个创可贴，就通过各种方法获得，你是想得到另一个吗？它不会弄痛这块淤伤，但在某种程度上是无关的，它只能由于转移而增加新的问题。

但是，你能教些什么呢？——文学、艺术可以教的不仅仅是教师……这些是更为技术性的——在 technéŌ（技术）意义上——技巧和语言上的问题。作为对诗歌有敌意的修辞学的观念，虽然是奇特的想法，但十分常见，它扩散成了"个人表达的"评论的概念。于是，技巧用来解决偶然出现的细小的技术问题。但是，你在建构某种东西的想法，你在制造某些构成的想法——也就是在你开始谈论不是由情感甚或观念构成的写作，而是由字母、词、词组和视觉形式构成的写作时，你所达到的东西。我不太清楚任何形式、任何词的语音或任何口音模式的内在意义是什么。部分意义是外在的——历史和社会的结合；部分意义也许与各种偶像的或方法论的因素有关系。形式的意义，或其他审美选择的意义，不必那么拘谨。不论你用哪一个，都只是开始说它富于相当的能指作用；都只是开始认识到，当你选择这种而不是另一种形式时，它打开了一个完整的表意领域，而这个领域你无法分割。没有任何方法摆脱形式或声音模式的意义——即使你很想这样做。尽管在某种否定的形式中它非常典型，也就是说，它采取的是中立的形式，表明形式本身没有任何意义，它只是正确的或者错误的。

DB：你说，反对标准英语的不仅是后退到地方性的或是自然的东西，而且是一种有学识的反对意见。我希望你能谈谈在全部课程中，你对那节课范围的感想。你的作品的力量，在于想象语言的物质性。你说，关于语言的著作是研究语言中的问题的，因为作者觉得那些问题存在于句子的内部——或者在文章的内部——尽管作为一种形式它有自己的历史，带有它所承载的传统和意识形态。你提供了一种十分有趣的方式，来想象英语系是什么样子，或可能是什么样子。你让人们说英语系是这样一个地方：也许，在进行实践时，或通过实践，那些想做相反工作的学生也能做，换句话说，可以进行语言工作，但不只是把语言作为工具，或者使语言为他们或通过他们工作。这是什么意思呢……我想说的是，我可以想象一个大学一年级学生的作文课的计划，按照这个计划，如果学生说，"写这种命题文章真的非常愚蠢，让人厌烦，"那么校方应该说，"是的，没错，正是这样。很可能非常愚蠢，很无聊。你要做的就是写不同的东西。"你是否觉得可以这么教或者应该这么教呢？这种愿望本身如何在英语系实行？

CB：你与写作班的学生朝夕相处的时间，比起我要多得多。我没有这么做，因此我不想谈什么看法……

DB：在布法罗没有任何课程，教学生像查尔斯·伯恩斯坦或苏珊·豪那样写作吗？

CB：我很担心，当把正确的观念强加给人们的时候，他们会疏远语言。不同的教师会有他们热衷于做的事情和需要处理的事物。但是，真正令人困扰的，正是写作教学中的处罚和纠正的模式。对一些人来说，这种模式非常有效。他们使能力发展到很高的水平——常常有些人倾向于继续教英语，因为他们做得太好了！但对另外一些人来说，整个复制成套模式的问题造成了巨大的障碍，而我主要关注和认同的正是这些人。对其他人，也就是那些发展伟大技能的人，我只能说，如果你看不到你所使用的特殊形式的意识形态含义,如果你的技能使你压制这些特殊形式的意义,那就是一个真正的问题。我认为写作教学是关于一系列不同语言计划的工作,是关于运用不同形态、不同文体和形式的工作,是探究它们如何形成不同意义的工作,在这里,意义被理解为是从社会和美学方面决定的东西——与逻辑上和词义上的决定一样。也就是说,假如你考虑每一种形式和标准的局限性和可能性,你就会创造出一种更开放、更民主的语言实践的概念,这种观念并不排除标准化形式的重要性,但非常清楚那些形式究竟是什么——它们是支配性的选择,也许你需要它作为生存的技能,然而它却直接关系到真实和一致性。你也许还会发现,在许多方面,这些支配性的形式,我想说,它们会强迫你说话不连贯……强迫你……我无法想象哪一个作家会不知道这点……也许那些最善于运用标准的人,最容易产生这种不连贯性的问题。

并不是我没有自己的结论,也不是没有掌握适合形式的思想;我当然有,那就是我的观点。而且我还想谈谈它。但是,我不相信任何人会写一篇标准的文章……如果他们想到某种不适合的东西就把它划掉……那是一种谎话……我想说的是,假如承认它是一种修辞手段,这没有任何错误,但若说这是连贯性……蒙田为这种选择提供了一个非常有用的模式——不是为因为个人的文章,而是因为偏离了常规。你知道,什克洛夫斯基在他的《散文理论》一书中写道,偏离常规是散文最典型的部分!在每个层次的教学中,如果你没有说明偏离常规——从小学就开始——如果你没有说明偏离的巨大作用,那么最终你是教一些人如何非常熟练地剪裁适合和不适合的东西,这是把想象的写作变成一种共同的、物化的、同质化的、平淡的方式。另一方面,你是在让不能开发那种技巧的人,或在心理上强烈抵制的它的人,觉得他们被剥夺了自己的语言的权利。这并不是忘记大部分人有能力所做的那种暴露性的写作是可怕的、令人厌烦的,而是部分地由于他们不能容纳矛盾与偏离。他们没有学会如何以有力的方式处理它们，于是他们便删除它们，就像他们学的就是那样做似的。但是，删除它们就像给一篇文章做叶切除术。以最标准的形式写成的优秀文章会保持那种张力——你在文章中可以看到它，它会断裂，它会冲击你。在传统模式内，伟大的风格作家——不是每个人，但有很多人——就是以这种方式运作的：当你阅读时，你感到在形式——形式所包含的东西——和所说的东西之间有一种张力。

DB：这种情况表明的问题之一是，假如我们能像教主旨句那样充满活力地去教插入语，我们这个国家就会有一种不同的写作传统。

CB：对。尤其是人们回顾18世纪的散文，由于分号和并列复合结构的使用，这类散文看上去非常精彩。我想说的是，我在以某种方式抱怨上个世纪兴起的朴素文风，而它意味着我们怎样对待大众的读写能力。现在，我们摆脱不了这种缩小的散文基要主义，摆脱不了那些简单的句子。那是一种非常有限的媒介。

CM：换一个话题……我从《诗学》读到的东西它使我深受感动，并且留下的印象颇深，但我最关键的想法是，这恰恰是雪莱作品的重现。在大众具有读写能力之后，谁能够成为国会议员呢？

林恩·伊曼纽尔（以下简称 LE）：我倒想把科林所说的话题继续下去。在我对你作品的介绍中，我说你对诗歌和诗人作用的看法是理想化的。考虑到学术界内外当前的知识分子思潮，以及大众文化的压力，如何才能把你对诗歌的主张，看成不同于异想天开的想法呢？

CB：好呀，异想天开的主张是没有错的［笑声］。

LE：是，不过，对你把那些主张与似乎非常像一种民族文学的东西联系起来，而且你强调是"美国的"，我的确更感不安。

　　CB：噢，美国那部分……同样让我不安。它与我从前思考的正好相反，那时我觉得，美国的框架结构作为想象与英国文学统治决裂的一种方式已经无用，而这就像在《美国本色》里，对威廉斯和他那一代的其他人至关重要的是，在美国大学和整个文化方面确立美国文学的重要意义。一旦你在政治和在文化方面具有美国的全球优势，那么确立美国诗歌的合法地位就会采取一种完全不同的声音。事实上，我所信赖的可能是所有使用英语写作的人，无论他们是在新西兰还是在英国，并不只是美国人。我在"美洲诗论"一文中说，我觉得更接近英国、阿根廷和贝尔格莱德的作家，而不是美国诗人，我与前者共同参与一项计划，而与后者则没有。但是，我很晚才开始认识到，有着关于美洲典型的延误，同样可以把美洲理解为一个虚构的空间，它到处是冲突，没有统一，很不和谐，不能成为一个整体。这就是为什么我说"美洲"，而不仅仅是指"美国"，为的就是保持新世界的意识。而在美洲的范围内，我希望能够谈论例如麦克迪尔米德这样的英国作家，或是像玛吉·奥沙利文，或阿伦·菲希尔，或汤姆·罗沃思，或汤姆·伦纳德那样的英国诗人。因此，它是一种情结，一种矛盾的"美洲"观念，永远不可能达到，也不可能概括。无论你在那里，它都是你做的事。

　　请别误解我；我是美国教育和美国文化培养出来的。事实是，当世界的比尔·莫耶们想把诗作为对自我、团体、家世、起源的肯定时，我受到了不同的申斥。这就是我写那部自传体采访记的原因：我想探究特定的语境、社会地位，它也许会引起一种分离的诗学，如像我自己的那样，而这经常被认为是非常抽象的或"理论的"。无论如何，我极力主张公共空间和公共教育，我认为这是关于公众的教育，正如它属于公众的一样，尽管我认识到大多数公共教育都与驯服劳动力和创造学科价值有关。而且，当你谈论语言的时候，很明显，大部分语言教育是褒义和贬义的训练。它教给人们有限的、可把握的、可检验的技能，达到要求的工作水平，唯此而已。

CM：然而，实际上，在英国，过去的三十年来，学校里主流语言教学的意识形态完全不是这样。其主导思想是一种关于表现性、正确性和无个人判断的意识形态。如果我们往后看，我们可以说，"啊，这产生出难以置信的大量创造力。"但是，以我的观点看，关键是它实际上把下层阶级进一步推入他们各种不同的社会经济的牢房。

CB：是的，我还认为这正是我们这里所面临的问题，因为我们强调个人表达和"创造性"是对刻板的说明的替代。用"自我表现"代替权力主义的控制和正确性是行不通的，虽然表达性和修辞也许可以行得通。"表达"已经成为一种社会安全阀，它使我们从形式的困难转向对内容的肯定，这就是说，从思想的困难转向对认可的情感的控制。在我最近的教学经历中，我还没有发现，像别人常告诉我的那样，你不能讲授"困难"的东西。只要花上一点时间，人们什么都能理解。学生们的确接受的信息不是很多，但我认为有大量浓缩的东西学生可以理解。当然，教育者说他们不想使高中和初中学生转向阅读（好像阅读就是转向），所以最好指定朱蒂·布卢姆，暂时不要阅读，尤其不要阅读诗歌。如果你看看某些新的"进步的"课程大纲时，你会发现文学变成了"题材"，或像安·劳特巴赫最近所指出的那样，创造性的写作变成了照镜子。我认为这是一种灾难。如果文学提供的不是真正个人的或只是布景式的叙事，那么它怎么能指望与《我所谓的生活》中的一个插曲或索尔特·'N'·佩帕唱的一支歌去竞争呢？那不是提供文化的多样性，那是在回避形式、结构、句法、词汇和音调的多样性，而正是这些多样性使诗歌成为语言差异的作用。那种做法仿佛是我们只教学生算术和平面几何,不让他们学代数、立体几何、三角和微积分——所有这些有趣的内容!——因为害怕孩子们失去对数学的兴趣。那么剩下的还有什么呢?由于害怕孩子们失去兴趣,我们就把它们给删掉了。

当然,这不仅仅是、甚至主要不是教育者的问题。我有过一次特殊的机会,为我女儿所在的一所非常好的公立小学的诗歌比赛当评委委员(那是屈指可数的教学生诗歌的小学)。结果有另外五位家长也自愿为这次比赛当评委,在上交的几百篇诗作中,他们对其中最糟糕的一些作品怀有强烈的偏爱,大约是"我喜欢我妈咪,因为她好/我喜欢我妈咪,因为她很好/我妈咪是最好的人/因为……"她永远发光!不,嗯,"她是阳光"。也有一些非常有趣、忧虑的、令人不安的诗作,以不对称的形式反映出不对称的生活。我对其他家长说,"你们应该让这种诗获奖,它明显比其他诗写得好。这种诗表现了复杂的思想,它令人难忘,很有独创性"。我使用了所有可信的、真实的标准。但是,他们都为我所持的态度感到不安,即使他们能够看出其中的逻辑;他们想说,最好的是那一篇有着最美好情感的诗。其实,这也没什么奇怪的。

CM:你说得非常明显,但评价问题无疑是与乌托邦相关的重大问题之一。在整个教育系统里,论文形式之所以如此重要,就是因为它比较容易进行评价。一旦使写作对你所追求的各种表达性开放,评价就变得非常困难。

CB:我认为它产生不同的评价问题,但那也允许考虑现行的、受欢迎的评价标准。

DB:这里的问题并不是……实际上,我并不认为教师评价那篇妈咪诗的情况就是如此。问题是根本就没有人去强调价值。家长们也许想得到奖品,但它对孩子们写的东西并无影响;他们已经做了写诗的事,这就足够了。没有人读那些诗,没有人大声朗诵它们,而且我认为,使我们的伟大文化蒙羞的是,没有去谈论文学的价值。没有办法使孩子们介入这样的问题:你更喜欢哪一首诗,或者哪一首更好?

CB:肯定有,而且一向是开始的好地方。在我的学院的课堂上,我开始总是说,"不要分析或解释诗歌,而是首先反复阅读它们,记住并背诵它们,然后告诉我你们所喜欢什么、不喜欢什么。"几个星期或几个月后重温那些判断。学生们便对所听的音乐进行判断和分类,并且采用相当复杂的方式,包括美学的、比较的和社会学的方式,即使他们并没有说采用了那些方式。假如我们在那次比赛中评审的是抒情诗,四年级或五年级学生肯定不喜欢那些"肯定"的诗歌。

DB:他们是我们的产物。我的意思是,他们——那些教师——是我们的学生,我想我们并没有教给他们如何运用那些判断;他们既没有发展词汇,也没提出解释和证实他们创造性的根据。

CM:还有最后一个问题请你发表意见。如像我在读诗时常有的感觉一样,我对你阅读中的力度和能量非常惊讶。你刚才提到,朗诵是孩子们在学校里应该学习的东西。但是,倘若你把它大声说出来,人们就会把你当作一个十足的疯子。

LE:戴纳·乔亚论证说,我们应该记住诗,当然,还要承认好诗既能记住又可消费。在《纽约时报书评》的文章里,丹尼斯·多诺霍谈到里奇的新书时说,"我觉得她的新诗很难记住;它们刚进入我的脑海就又消失,不像她早期的诗歌,那些诗几代读者都作为享受和伴侣而不断背诵。"这种把里奇的诗歌作为享受和伴侣的特殊阅读,正好符合可以记住的那种看法。

CM:但是,对公众大声演讲的艺术,没有必要在学校讲授。

CB:这里有几个相互冲突的问题,因此我的一些不合时宜的教学实践似乎令人感到惊讶。我的任务不是记住那些已经能记住的诗,而是记住那些乍看似乎难以记住的诗,进入作品节奏的内部,而这种节奏一开始可能抵制圆润的发声。在那种仍然兜售关于"难忘段落"的平庸批评的统治下,在诗的记忆功能不再是它存在的理由的时代,仍然认为那种铁板似的浪漫主义意识形态很可能是诗歌指南——这种情况我们还要忍受多久?这几乎像施乐公司广告说的那样,任何耳朵可以听到的,都可以用声音的形式记录下来;大量华而不实的"难忘段落"的评论,只不过适合某种特定的趣味而已:你说是难忘的,我说是平庸的,你说打空了,我说击中了(我们不说取消)。所以,我对熟记和背诵的感觉与相伴的乐趣无关,但关系到如何学会表达不可表达的东西,以似乎必然的形式说出,但不是那些规定的形式。我要求学生记住诗歌并且模仿它们。不过,尽管我提倡大声朗诵诗歌,毫无疑问我并不是要回到正确的发音,以及所有与40和50年代背诵课相关的过时的东西。我强调同一首诗歌发音的多种可能。我播放诗人朗读诗的录音,如果可能,还播放这个诗人对同一首诗的朗诵,因为我想把诗作为一种你对它作出反应的能动的事件,而不是把它作为一个你试图解开的谜。在这种意义上说,大声朗读就是一种解释。我常常感到困惑的是,怎么这么少的老师坚持表演他们所教诗歌:这有点像默默地读歌曲片,或是不戴眼镜看三维电影。其实,不只是诗歌需要大声朗诵。散文的听觉空间也常常被疏忽。表演散文的指导应该是博士学位的要求!

保罗·博维(以下简称PB):我等一会再提我的问题。我想先说,我认为你们对美国教育制度的评论都过于宽容。我知道,至少有一位老师非常明确地告诉一个非常聪明的女孩,她的写作不应该带有任何别的阅读或写作的痕迹,她必须明白个人的文章就是表达"她的主体"的一种形式。

CB:这一定是"联合写作计划"通信的订阅者。

DB：教师们没有想到他们在这种主体建构中的作用，但对它却存在着目的或效果。

CB：说真的，如果我对美国教育制度说过任何宽容的话，我愿意把它颠倒过来！戴维把我引向了这种宽容的方式，而我想在善意的个体教师和意识形态的国家机制之间进行一种也许是命定的区分。也许我是在抵制那些常常是敌对的反应，我和我的许多朋友及同龄人都对我们的诗和诗学有过这种反应。这就像挥舞一面红旗。很难相信，在20世纪80年代和20世纪90年代，人们对诗歌的愤怒能像在现代主义早期那样巨大；也很难相信人们会觉得个人受到了侮辱。你会认为，这种谴责创新艺术的看法，将会失去人们对它的兴趣。

LE：让我针对那个观点谈一点我的看法。你在《一种诗学》中称之为代表"官方诗歌文化"的杂志之一《美国诗歌评论》，最近发表了对《黑暗城市》的长篇评论。今年夏天，我碰到一个学美术的硕士生，他曾经跟着一位著名诗人学习过，他对我说，"噢，对了，我的老师×说，语言诗人胜利了"。这一评论说明了当前场景中的争论性，虽然这是趣闻逸事，但不也有某种真实吗？

CB：虽然有不真实的一面，但我确信有比较真实的一面——什么都不说该当如何！我知道有一些教创作的老师，他们主动劝学生不要在与我从事的那种工作有关的领域工作，他们希望能消除这种工作，就像消除令人厌恶的局部战争那样。对立的意见仍然存在，好像应该如此；如果你善于挑起争论，你一定期望某些人会进行争论。无论如何，我在认真考虑那些在20年期间所发生的事情；当然，我感到鼓舞的是，我关心的诗歌有更多的人了解，更受赏识。对于文学客观主义者，对于斯坦因，是的，对于我的一些诗界同仁，看来这确实是真实的。谁也不必非喜欢别人的作品；就此而言，它不是"个人"的问题。我的争论关系到如何对待诗歌的不同方法的差异，超越了个体诗人或教师甚或选集编者的个人趣味。这是个系统的问题，一个偏爱的系统的问题。根据我的经验，那些拒绝接受我为之辩护的诗歌的人，其倾向应不可低估，即使它有时显得尴尬——哪怕是结构上的尴尬！——可以这么说吧。拉里·艾格纳的去世没有引起像詹姆斯·梅里尔去世时那样的反应，这个事实并不是意外的挫折，也绝不是因为梅里尔是"更出色"的诗人。英国的情况更糟：例如诗人杰里米·普林恩，虽然我觉得他是个令人不安的人物，但我认为他肯定是战后伟大的诗人之一，然而知道他的人很少，对他的评论也寥寥无几；可是，这样一个诗人……谁是新的牛津诗人呢？詹姆斯·芬顿……

CM：……我是从一个奇怪的观点来赞赏杰里米·普林恩和詹姆斯·芬顿的。

CB：但是你不赞赏着眼点的不同！

CM：不，不，一点也不。让我们以语言诗为例。它需要关注，它需要真正相信在阅读过程中会产生出有价值的东西。似乎根本不存在对读者的任何诱惑。尽管如此，芬顿还是以非常经典的形式写作，对许多人来说，其中存在着巨大的阅读乐趣，因为它容易为读者接受。所以我母亲圣诞节送我芬顿而不是普林恩的诗集，决不是什么偶然的事情。我想问的问题恰恰是那种相反的看法。

CB：我决不相信，英国或美国的官方诗歌比它那些光荣的对立面——当然它认为是不容易接受的、不光荣的对立面——更容易为读者接受。毫无疑问，那些在《泰晤士报文学副刊》或《纽约时报》上声称代表诗歌读者的人，认为主流作品更容易为读者接受；但是，如果以这种方式来限定诗歌的读者，那么诗歌作为充满活力的艺术就会因此而消失。我没有兴趣使喜欢芬顿和克雷格·雷恩的读者转而阅读拉沃思和奥沙利文。让他们读拉金去吧！我心目中的诗歌读者并不是同样的读者，也不必是同样的读者（总会有交叉的）。喜欢拉沃思的读者很可能发现雷恩"难以接近"，反之亦然。但是这么说的时候，重要的是确认上流社会的诗歌有多大影响——对于那些讨厌现代主义艺术的人来说，诗歌仍然是一个坚固的堡垒。按照理查德·霍华德从法文的翻译，尤其是对巴尔特的翻译，这种情况达到了滑稽的程度：如果是美国人写的，他一定首先被抛弃。可接受性是我们意识形态的规范的标志之一。但这种看法认为，诺曼·罗克韦尔现实主义绘画容易接受的那种观念，而同样是现实主义的杰克逊·波洛克却不容易接受。只有波洛克的一幅作品以整整一百万的价格售出，并上了《时代》杂志的封面（这种事不会发生在诗歌界），它才会被接受。换言之，商品是容易接受的，而艺术品却不行。

无论在诗歌、音乐、绘画，还是戏剧领域，都有许多人喜欢抽象的、非传统的以及非现实主义的艺术。这不是一种非此即彼的情形。并不缺乏有潜力的读者或作家。因此情况才会发生变化。"实际上存在着"一个组织得相当好的——即使联系松散——可选择的诗歌世界，它有它自己的出版系统，自己的发行渠道，自己的读者，它之所以存在，乃是因为它拥有这个国家的一大部分，基本上脱离商业出版的轨道，在很大程度上也脱离大学，尽管我自己不在其中。

LE：但这种情况正在发生变化。

CB：对这个领域的一些老人，在某种程度上正在发生变化。但对年轻人来说，并没有发生变化，而对我的大多数同龄人来说，也没有发生变化。

LE：这是长期存在的一种"张力"：这种本质上是二元对立的对诗的看法——断裂对新形式主义。另外，还可以论证的是——我已经表明，对此并不是含糊其辞——在新形式主义和断裂的诗歌之间有许多相类似的东西。两种诗歌都使诗变成了某种制品，只有受过高等训练的读者才能欣赏；两者都更新了诗和文学史的关系，即使"文学史"在每一种情形下并不相同；断裂的诗歌也是形式主义的诗歌，等等。对我来说，这像是一种拖延的论点。问题是，接下来是什么？

CB：确实，美国诗坛的对立由来已久，虽然它总是处于多种力量之中。我认为，目前美国诗坛最强大的力量与多元文化主义相关，其标志（以及无标志）是写作中的种族、阶级、性和性别的身份，与五十年代那种"学院诗"对"新美国诗"的情形大不相同。虽然存在着多种的天堂，但在某些天堂里敌对并不会消失。虽然对美国诗歌中的意识形态冲突感兴趣的那些人必然受到限制——不会有什么金钱危险，也从来没有明确的赢家和输家，因此并不是一种真正的美国娱乐——但我觉得应该质疑究竟是什么占支配地位，为什么占支配地位。至于新形式主义和我们在 L = A = N = G = U = A = G = E（语言）方面提出的计划之间的相似之处……它们是在相互厌恶的意义上的相似！但接下来我自己的运动，赤裸裸的形式主义，如果不是在我自己误导的想象的比赛场上完全失败，它也许会使所有那一切更加清楚。

PB：我很想请你谈谈你对"群集"一词的应用，以及你如何不断使它对想象或想象的民族发生作用——我是在美国语境中理解想象的民族的；但它是什么呢？如果它发生在美洲之外，它在什么地方？

CB：什么地方有真正的民族？

PB：诗人提出的真正的想象的民族在什么地方？

CB：由诗人提出。绝对由诗人提出。诗人在民族身份形成中的作用是一种传统作用，虽然在我们的文化中不像在我们可以指出的许多其他文化中那么明显。这就是为什么我认为这些对立的问题非常重要。诗人争论所用的术语常常与更广泛的政治争论不同，政治术语是限定克林顿和多尔之间辩论的那些东西。实际上，许多具有不同审美说服力的诗人，对审美层面上的问题比一般公众表现出更多的共识。他们的对立意见主要涉及如何再现或如何以诗的方式体现个人的身份，个人的表达，想象的自由，自我表现，群体身份，社会身份，民族身份，或者某种更大的国际身份。因此，当我援引罗宾·布雷泽的短语"形象民族"时，我是在记录自己对种族灭绝的反应，对复活的民族主义的反应，我是在把它置于斯坦利·卡维尔引用的爱默生的伟大诗句的语境："这个新的然而不易接近的美国"。换句话说，就其最好的意思而言，坚持那个"美国"是一个隐喻，是一种想象；如果我们抓住它，固定它的身份，我们就毁了它。不过，这里有一个令人不安的矛盾：对北美土著人的灭绝性屠杀容忍这种对美国的有力的修辞比喻，而其广袤的国土——按照非本土的观点——不是按照人们的种族或是人种的身份限定分配的。于是，回到我前面的评论，诸如脱离、分离、区分或自治之类的价值——我认为它们是诗歌价值的基础，也是正式价值的基础——本身便可以植根于一种美国的观念，而它的统一性既不是以身份、种族或语言的单一性为基础，也不是以它们分立的划分为基础。许多人对美国持不同的观念。庞德对犹太人的谴责像是对美学的亵渎：毫无根据，分裂松散，基本上无法确定。当我说我赞成不确定性时，我尽量转变那种逻辑。我们需要不确定性，只有这样我们才能重新确定。我们谈到的差异，我们在作品中想表达的差异，其实都是不真实的。我们别走那条路。我们的身份既不是不可改变的，也不是可以牺牲的，但它们是……可以可扩展的。

　　PB：这是一个更大的问题，但你想象中的"城邦""像"什么呢？

　　CB：城邦什么都不像［笑声］。城邦更多的是一种谈话，而不是一种相似性，但不是理查德·罗蒂的那种谈话，仿佛我们都围坐在桌旁，以一种平静的心态和"实用的"方式交换意见。

"美国是一个水平的运动场,除了对拥有它的那些人之外。"至于其他人,放纵是不可否认的。我的朋友布鲁斯·安德鲁斯经常提醒我这点——愤怒在诗里的价值。我认为,他是个真正愤怒的诗人;他的作品不仅文字污秽,而且令人不安,有时还很粗鲁——是敌视人文主义和高雅的文学价值的东西。尽管我在这蔑视高雅,我必须说,高雅的诗歌并不只限于上流阶级。你知道,有些人会像我一样,他们也想说那种美好的东西——我喜欢那样。我的意思是,我对诗歌的看法是用利奥·戈塞的口音来朗读莎士比亚的十四行诗——这是一种我觉得有时在自己的作品中达到的效果!

有个人前几天问我,人为什么要写诗呢?其中一个理由是诗歌吸引着我……我年轻的时候做过许多戏剧方面的工作,现在有时间我还写歌剧的歌词,后来我到一所大学工作。但与这些领域不同的是,在诗里——就像他们评论《外部限制》时常说的那样——"我们控制着水平面,我们控制着垂直面"。你不必对任何人为你的决定负责(尽管你也许不能使你的作品出版)。你可以说,"它之所以是那样是因为我想让它那样。"所以,我认为许多诗人喜欢诗歌,是因为它范围小——它比更商业化的领域给人更多的自由。不过,你们知道,我在说诗时,许多诗与我现在说的东西没有关系。许多电影制片人、作曲家、画家、文学学者,有时甚至哲学家,也许都在做我说的诗人所做的事情。按照戴维·安廷的意思,我用诗表现词语的艺术。我把诗看作是语言研究和语言发展的分支。我并不是说这只是抽象的意思。诗作为社会空间为这种工作提供了支持;它不仅提供招牌,而且提供框架。考虑到独立的小出版社的重要性,考虑到诗人介入生产和接受的方式,诗作为一个社会空间具有惊人的自我调整能力。大部分诗人,不论是获奖的诗人还是非常古怪的诗人,都依靠小出版社出版他们的作品。诗提供了一种思想交流的典范;它不是为社会提供典范，而是为非常重要的思想交流提供典范——不妨称之为非实际的社会性。它不是一种声音，但却是多种声音，吐露的心声。

PB：但是，所有那些"进步的"人们都要求公众的声音。让我们回到学校教育的问题，回到确保使孩子们都以所谓自己的声音说话的问题。目标是确保你不能听到……

CB：……对。

PN：……任何变化的影响……

CB：……但它是听到……

PB：……对，你恰恰不准备去听；这种想法是排除所有对写作的回应。

CB：写作中引用的性质因被这种单一声音隐而不见，虽然说它是隐蔽的会使你觉得可以找出它来。这是一种开始。你可以从家里每一个本书里摘出一个句子，构成一篇像是由某个个人写的文章。那会成为一种非常自觉的隐蔽形式。更典型的是，它不是隐蔽而是伪装。否则就是机器人：程序化的声音是一种听上去最流畅、一致、真实的声音。但是，即使有这种对以声音为中心或以自我为中心的诗的批判，我想我仍然会提倡作者个人的声音。我写的许多诗都是非常特殊的、个人的、有选择的。再说一次，在这种语境里，自我仍然是抵制同质化的关键所在。那么，我是不是在反对声音、自我和作者？一切回答都依赖于语境。我不会自相矛盾，我有自己的说话范围。

DB：在我们结束之前，我想请你再谈谈写作教学的问题。你已经说过，实际上是写过，关于教人读困难的材料——你说这话时联系到格特露德·斯坦因。而你现在一直在谈隐蔽的回应……

CB：好吧，我想斯坦因相对容易一些。至少开始，比起大多数她同时代的人，她要好教得多，例如，比庞德或叶芝都容易得多。一旦你播放斯坦因阅读的录音带，你就开始讨论她的计划，然后种种困难——某些困难老师们唯恐触及——便开始消失。很多人立即就能理解，对它满怀热情，但另一些人马上就会就拒绝，所以那也是内在的东西。这种困难超出了斯坦因的范围。但一般我会说，诗歌教学中富于挑战性的问题是如何引导学生，不使他们期待从阅读这些作品中得到传统上期待的东西，尤其是阅读诗歌。一旦他们重新构建他们的阅读，他们就开始注意那些他们通常不注意的特征。这里总是有一个重新判断的阶段。我的看法是，淹没在诗的看法、声音和智慧之中，使学生着迷，使他们得到更多的东西，而不只是理解它们。因此我不进行考试，不要求记住名字和日期——我觉得那些东西基本上是反创造性的。我总说我是个诗歌教授，我教诗歌；可以说我是个油腔滑调的推销员，一个狂妄自信的人；我不想测验你们积累起来的知识；我想说服你们相信诗歌作为一种方法、一种写作方式和一种想象形式的价值。

DB：你能教人在困难中写作吗？

CB：这可是一个更难回答的问题！我没有足够的经验教人写作而说出你能做的事情。我倾向于我的学生是一个真正自己挑选的群体。我可以教那些在我班上学习的人吗？是的，我想可以。

DB：你是否可以就这点谈谈？

CD：从八或十岁到十八岁这段时间之间，人们受到很多伤害，因此需要做那种纠正的工作，必须忘记一些东西……我不想概括自己的教学经验，因为让一些学生远离自己的方式来接受我的课，我不会遇到这个问题最困难的部分。

DB：对。

CB：相比而言，我也更愿意教阅读课而不是创作课，因为我觉得，一些对创作班的"表现的"设想，会妨碍进行困难的阅读和困难的写作。我称我的班是创作阅读班，意思是你以创造性的写作作为对阅读的反应。如我所说，我总是让学生超量阅读，每个学期七十或更多诗人的作品，远远超过课堂上所能讨论的数量；尤其我教现代主义时期时，我选出每一种可能的风格，同时强调激进的现代主义者的形式创新。像写作课一样，我要求每周一次作文，但这些作文采取日记的形式，或者模仿或表演的形式；我尤其鼓励学生在每周阅读课上搞些恶作剧和表演活动，让他们尽可能多地鉴别诗歌的不同特色——同样既有形式和结构上的，也有题材和历史上的。我这样教写作时，我还列出一个几十种不同写作形式和结构的名单——实际上是一个实验作品的名单［见第67—72页］。我以最实际的方式认真对待练习，就像增氧健身一样。我的感觉是，很多学生进来时，对他们能做些什么知之甚少。但是突然之间，他们仿佛从一个单色屏幕转移到了一个五光十色的屏幕，而且还有工具和选项菜单。这时，选择会令人困惑——处理许许多多选择是很困难的——但是实践起了重要作用，几乎每个人都找到了他们亲和的形式和风格，而这些他们以前并不知道。最关键的就是增加人们的选择。

DB：我感兴趣的是，你强调模仿，强调学生在语言实践——实验性的语言实践——内部工作，而学生不会自己独立创造它们。你说，"人民已经做了这种工作，你可以向他们学习。"你让他们和谁一起工作？你建议他们和谁一起工作？

CB：我不喜欢学生发展熟练的模仿能力。我把模仿基本上看成是一种阅读形式。首先，你明白这样做多难，你可以把你难以确定或解释的那些诗的特征记录下来。与此相关的一个简单练习是选择不同的形容词或介词，然后用大量其他相当有用的词进行替代/转换实验。当班上的学生更喜欢模仿或转换而不喜欢原文时，常常会变得非常有趣。

我常说，打一首诗比写一篇一页的文章讲它的意思要好。或者以三种不同的声音大声朗读它,或者让你同屋的伙伴念给你听,或者把它分割成单独的诗行,改变诗行的顺序,看看你能否做出比原作诗人更好的诗行结构。诗歌是相互交流的环境,是一种亲身实践的系统。不错,某种历史构想是必要的,解释和分析有时也很有价值,但你必须知道你所构想或解释的是什么!此后会有大量的时间,关注批评家、学者和诗人对一首诗的细读,以及如何把它置于广泛的语境之中,而我非常重视这样的活动。在我看来,大部分学生刚接触诗歌,人们就要求他们谈诗,但却不知道首要的事情是什么,我的意思是,首先把它们作为诗:"别想解释我。你还不了解我,在我身上花点时间,让我们坐下来喝杯葡萄酒,让我们逐渐了解对方。然后我们才可以谈论我生活的意义。"

LE:我刚刚教过一门研究生的讨论课,目的是帮助第一次教写作课的研究生。助教让写作班的学生模仿格洛丽亚·安扎勒杜阿,当时他们正在读《边疆》这部作品。写作班的学生坚决抵制这种模仿,并因此而引发了关于模仿政治的对话。你说的关于模仿的话虽然有力,但它不也——这种阅读文本的方式——消解抵制吗?模仿不是中性的行为。在我看来,读者和作者并不一定以了解罗杰·安吉的论文的同一方式"了解"格洛丽亚·安扎勒杜拉,而且我还认为,这种对"了解"的抵制并不是一件坏事。

CB:讨论任何形式的对写作的抵制,或对任何命题写作的抵制,经常是你在课堂上可以进行的最有用和最有趣对话。你提出模仿的政治是对的,它促使我离开了我一直谈论的形式的问题。模仿一般与嘲笑有关,有一种用以嘲笑某种风格的关于伪造的有趣的文学史。十分常见的是,学生(或文学上爱开玩笑的人)会"伪造"一首诗来表明某种特定的风格多么拙劣;然而这些诗常常比他/她最初认为"更好"的诗更有意思。轻视是写作中一个重要的力量源泉。相反,有一些作品,人们觉得可以通过模仿来贬低,例如,特里萨妈妈的自传,或者马尔科姆·X的自传。然而,文学上拜伦的追随者,则因为破坏这种正当性的意义而激怒我们。不过,就我对它的运用而言,模仿的核心问题不是移情作用;它是一种修辞训练,反对不加思考的表达,反对没有主体性或诚意的设想。模仿还可以说明以一种风格写作是多么困难,不论你是否喜欢这种风格。毕竟,鼓励学生试用他们抵制的东西,是我们老师的重要职责。正如梅尔维尔在《狂妄自负的人》中详细描述的,只有通过给他或她选择才能接近你的目标:因此,可以肯定,你不想那样做,做做这个,做做那个。但是你必须尝试某种东西!例如,我不要求学生模仿一首特定的诗;只要你能找出一种方法使学生充满活力,任何指定的安排都不那么重要。

LE:然而,你已经在你的事业生涯中遇到过抵制。你自己的写作就是一种抵制的写作,而你今天在这里谈到对待"语言实践分歧"的宽容的学术态度。

CB:我讲授的东西反映我自己独特的、甚至奇怪的兴趣和趣味:那是我喜欢强调的事物之一:我自己对诗的看法与许多、甚至多数诗歌读者或英语教授的看法不同,它们是不正确的——任何其他关于诗歌的观点也是不正确的!我上的每节课都包括长时间讨论,讨论意义的意义,讨论谬论,讨论隐晦。要求发表不同的意见,这非常重要。我赞成超越这种不同意见。因此我认识到我的做法不一定能转化成一般的教学原则,我认为它是一种非常局部的、个人的东西。我不觉得关于人们如何教学的讨论与谁在教一样重要。如果我班上的学生在认真学习,那是因为我把许多诗人引进了课堂,我对我说的东西充满热情(即使有些固执)。至少学生离开时认识到,你参与诗的方式与他们参与通俗音乐或体育的方式并非完全不同。那就是教学非常困难的情况:

在上课期间的这一点或那一点，你必须奋力穿过这堵漠不关心的玻璃墙，但在墙的另一面你可以得到大量的东西。

(李宝泂　译)

美学：解释学与解构论的相遇①
——伽达默尔访谈录

伽达默尔　杜特

杜特：1981年您与德里达在巴黎相遇②。但是一个富有成效的讨论那时并未发生。或许我们应该这样理解，德里达本人就拒绝对谈。后来这次相遇被整理成文献。有一系列的文本，它们将口头上被忽略的东西予以文字上的重新建构和评注。我指的是，比如说，《文本与阐释》③，是1984年出版的一个集子，以及一个新的、被扩充以若干篇有趣论文的版本《对话与解构》④。您在您的巴黎讲演中赞赏与法国学术界的相遇是一个"真正的挑战"。⑤在一篇属于事后回顾的论文《拆毁与解构》（1985）中，

---

① 此文译自 Casten Dutt 编辑的《解释学·美学·实践哲学——伽达默尔谈话录》（Heidelberg: Univesitätverlag Carl Winter 2000）第二章《美学》，现标题为译者所拟。此文的翻译得到 Andrej Fech 先生的帮助，它记录了我们的友谊和我们一起享受过的图宾根的阳光、哲学和诗的氛围。——译注。

② 指伽达默尔与德里达在福热教授（Philippe Forget）组织的以"文本与阐释"为题的研讨会（1981年4月25—27日，巴黎歌德学院）上的相遇。两人在会上各发表了一篇论文，德里达对伽达默尔的论文提了几个问题，伽达默尔对德里达的问题作了简单的回答。虽有交锋，但很不充分，所以有人怀疑他们是否真正地相遇，——下面紧接着的一句话就是这个意思。——译注。

③ Hrsg. von Philippe Forget, München 1984.

④ *The Gadamer-Derrida Encounter*, hrsg. von Diane P. Michelfelder und Richard E. Palmer, Albany 1989.

⑤ *Gesammelte Werke*, Band 2, S. 333.

您这样写道:"谁要是让我精心呵护解构论,让我坚持差异,谁就是已经起步对谈,而不是站在对谈的终点上。"① 您与德里达的对谈今天是处在一个什么位置?

伽达默尔:问题是德里达是否能够进行一场对谈。情况可能就是如此,即他的思维方法不允许他进行对谈。——他是一个思辨的大脑,所以我才试图争取他而不是他的法国前辈作为真正的对谈参与者。我之所以注意到他,是由于当其试图追随海德格尔时,与所有其他人不同,他是真正从亚里士多德那儿开始的。可以肯定地说,福柯是具有同等重要性的一个人物,但是他不像德里达那样是站在一个真正地推进海德格尔的路线上。然而还是存在着一些界线;这里的一个界线是,即使它不是不可能更改的,德里达将海德格尔和我自己放在逻辑中心主义的位置上,并相反地得出结论说,尼采才是正确的。似乎情形不可能是别的什么:人们只能从事快乐的科学,只能寄希望于令人惊异的对于错误前见的瞬间改造,由此我们就突然间眼前有亮光闪现,但当我们再次追索同一文本形象时,这亮光旋又消逝。

因此,我认为,德里达与我本人的区别就是通过相互言说,我愿意求得与他的彼此理解。如您所知,前些年当关于海德格尔的论争趋于高潮时,他可是在这里的。当时他也处在一个被批评为海德格尔主义的境地。他因而寻求与我联系,并带了几个密友来。顺便提一下,他对我可总是友善的。为了表示客气和尊重,我说定使用他的语言交谈。但对我们来说这并不太奏效,因为有太多的人出席,而且很多人不懂法语。② 不过这里情况也是一样:德里达再次表现出对话的无能。这不是他的强项。他的强项

---

① *Gesammelte Werke*, Band 2, S. 372.
② 此次对话的主题是海德格尔思想的政治维度,全部录音资料存于西德广播电台,未整理发表,知者不多,故国际学术界一般仍把1981年的巴黎会议视作解释学和解构论的首次短兵相接。——译注

是抽线团编故事——一路地编下去，构造新异的观点，又出其不意地杀将回来。这就像是……

杜特：……就像是一个潘奈洛佩的把戏？①

伽达默尔：是的，也是如此，不过在潘奈洛佩的把戏里，实际上存在着反思的特征，他没有进一步发挥出来。我自己使用这一比喻：一个关于重新拆散的比喻。在哲学里最糟糕的是，人们不再去拆散，而是相信能够从曾经达到的某一位置一直地往前行进。哲学的目的总是，通过对思想的新异的探求而达到最大可能的对事物的接近。就此而言，我为自己没有"代表"我的哲学的学生而感到高兴。一个公司是可以由人去代表的。通过思想的寻求，人们自己从事着哲学。这样我的学生都在进行着独立的工作，其中有些是很有趣的工作！

杜特：比如，汉斯-罗伯特·尧斯和他的接受美学②。他的研究课题可能是对《真理与方法》的最著名的继续。

伽达默尔：大概是的。但是我想说，他尚未真正地一直挺进到哲学维度。从《真理与方法》出发，他取得了一些从语义学上看可谓硕果累累的成就，不过对此我不能为自己编织桂冠。作品也有一个效果史，这个我们早在赫尔曼·格里姆（Herman Grimm）的《拉斐尔传》③那里就已经基本清楚了。尧斯即属于此一效果史系列。

---

① 潘奈洛佩是古希腊传说奥德修斯的妻子。奥德修斯远征未归，生死不明。家中聚集了许多求婚者。为敷衍求婚者的催逼，拖延时间，潘奈洛佩佯称待织完一件袍料后再议婚事。她白天织布，晚间拆散，如是三年。最后被使女泄露秘密。——译注。

② 汉斯-罗伯特·尧斯（Hans-Robert Jauss），接受美学"康斯坦茨学派"的重要代表。属于该学派的另一位与之齐名的批评家是沃尔夫冈·伊瑟尔（Wolfgang Iser）。他们都是伽达默尔的学生。——译注。

③ 赫尔曼·格里姆（1828—1901），德国文学史家和艺术史家，有多种文学家和艺术家传记传世，如《米开朗琪罗传》（1860—1863）、《歌德传》（1877），以及这里提到的《拉斐尔传》（1872）等。他还是德国文学史上有名的散文家。——译注

杜特：然而他还是以一个接近于布拉格学派的理论成果而丰富了该系列……

伽达默尔：……不用说就是结构主义一类的成果啦。当然，我不想否认所谓接受美学成果的价值——既不否认其历史学成果的价值，也不否认其方法论成果的价值，这就是说，不否认其关于研究过程要标准化的建议。不过要说这一切与我有关，则不够准确。谁要是真正地读过我，谁就会对我的著作产生不同于尧斯那样的兴趣。我可以肯定这一点。而且实际上情况早就如此了。

杜特：就某一点而言，尧斯并不曾想过为其接受美学要求一个继续推进的角色，而是一个更正性的角色。我指的是关于"古典范例"的讨论。

伽达默尔：是的，——并且正是在这一点上尧斯完全误解了我！

杜特：尧斯和他的几个学生在《真理与方法》的这一章，看见了一个活动着的古典主义，对此古典主义来说只有"那从古典时代无与伦比的原创性取得其法度"①的艺术创作才有被理解的价值。这就是一个古典主义，其中表现出一种实体主义的对传统的理解，而这理解与您书中从历史角度阐发的理论部件根本上是互不相容的。利用"从黑格尔那里接受过来古典概念，它是自明的"②，您掩盖了实际上所有艺术、文学，还有所谓古典作品都与之相涉的历史性，掩盖了作品与当代的张力关系，并同时建立了传统之超历史的权力。据称，"流溢"③ 在此就是您的错误的思想图像。

---

① So Rainer Warning, "Zur Hermeneutik des Klassischen", in *Über das Klassische*, hrsg. von Rudolf Bockholdt, Frankfurt am Main 1987, S. 77—100; hier S. 86.

② Hans-Robert Jauss, " Literaturgeschichte als Provokation der Literaturwissenschaft", in ders., *Literaturgeschichte als Provokation*, Frankfurt am Main 1970, S. 144—207; hier S. 187.

③ Ebd., S. 188.

伽达默尔：完全不是这样！您所引及的话与您所提到的章节全然对不上号。古典在我看来是一历史性的、一时间性的概念，一种关系的规定，此规定所表示的不是一个质，而是一个解释学的关系：一个"保存的优先性"①，如我曾经所称的那样。这与新柏拉图主义的流溢说，与古典主义的风格理想毫无关系。但是要想理解这一点，人们就不应该从方法论争的层面上阅读此章节。

杜特：您的批评者尤其不满于那个句子，其中您实际上是借取了黑格尔美学讲演录的著名命题："古典就是自我保存的东西，因为它自我意味、自我阐明……它对每一个当代都这样地讲些什么，仿佛这些什么只是对此一当代之所讲。"注意，此处②是一个经过删削了的引文，但此处的删削与冗余无关，而是它删掉了您的句子的解释性核心。您完整的句子是这样的："古典就是自我保存的东西，因为它自我意味、自我阐明；它因而以如此的方式说话，即它不是关于一个下落不明者的报告，不是单纯的自身尚需阐明的对于事物的证明，而是它对每一个当代都这样地讲些什么，仿佛这些什么只是对此一当代之所讲。"③ 如果人们是这样地阅读的话，那么看不出它有什么不合情理之处，且无论如何都不是对传统的形而上学化。我想，所引的段落是自明的，无须做如此的信仰投入或者对此信仰投入的否定。您在此真正意

---

① *Gesammelte Werke*, Band 1, S. 292："古典所表示的不是一个与确定的、历史的表象相关的质，而是历史性存在自身的一个特殊的方式，一个历史的保存的优先性，这一保存——在一个不断翻新的考验之中——使真实的东西存在。"［关于伽达默尔的"使在"（Seinlassen）概念，参阅他在其著作《美的现实性》中所做的如下解释："关键于是就在于：凡是在的东西就使它存在。但是使在并不意味着：只是重复人们已经知道的东西。不是在一种重复经历的形式中，而是通过相遇，人们自己确定地使曾经存在的东西为其现在的存在而存在。"（S. 65）］

② In Hans-Robert Jauss, *Ästhetische Erfahrung und literarische Hermeneutik*, Frankfurt am Main 1982, S. 791.

③ *Gesammelte Werke*, Band 1, S. 295 f.

指的是无须重构的、与对其原初历史语境之了解无关的①、因而实际上也就是自主的作品语义性：一个语义的潜能，其实现是超越语境的。毋庸置疑，由于效果史条件的变换，这并总不在同一意义上出现，而是出现于超语境性的意识之中，古典的"跨时代性"唯存在于此意识，您因此将"跨时代性"描述为"历史性存在的一种方式"②。我于是认为，您关于古典概念的阐述没有形而上学的内容。

伽达默尔：一点儿不错！这就是活跃在语言惯用法中的意义，我这里也是由此意义出发的。当我们说："这是古典的"，其意思无非是说："我们将总是能够听到它，总是能够看见它，总是能够阅读它，即它总是正确的！"这是我们的语言惯用法，不是人为的定义。古典这一概念因而就是无可指责的。此外我从未怀疑过我们对于此类"古典"作品之历史间距的意识，以及此一间距向我们提出的历史的认识任务。无疑对于我们发展起来的历史意识，对于变得几乎是天经地义的、我们今天于其中面对艺术创作的历史情境，这都是有效的。我们知道，贝多芬的第九交响乐是在特定的音乐史、精神史关系中出现的，因而就应当从这种关系中予以历史的理解。但是第九交响乐对于我们的理解来说，其意味可远不止于作为历史重建目标的一个系统。它不能是，如您完全正确地对我的引述，一个尚待阐明的对某物的证明，而是作品自身对我们讲话——就像对它的原初听众。我们聆听贝多芬的音乐。在此聆听中即寄寓着真正的、被表达在归属性③这一概念中的参与。显而易见，这参与总是以不断更新的方

---

① 尧斯主张，为理解一个历史文本，需重构其原始受众及其当时的接受，这容易被误认作伽达默尔解释学的要求；实际上，伽达默尔更关心语义实现的共时性或超时代性。——译注。

② *Gesammelte Werke*, Band 2, S. 295.

③ "归属性"的原文是"Zugehörichkeit"，含有"倾听"的意思。这里伽达默尔认为，倾听即是参与。——译注。

式证明自己。为了更好地理解,我当然乐意作此补充。

杜特: 古典性与现代性之间究竟是什么关系?现在我提出这一问题所想的不再是关于古典概念的那个章节,而是您后来的一个关于《美的现实性》的小册子。您在那本书中批评某种表现于我们与艺术的关系中的片面性:一方面是"历史的假象",另一方面是"进步的假象"。①

伽达默尔: 它们所走的其实是相反方向上的同一条错误道路:这里是贬低古老的东西,那里总是挑剔新的和最新的东西。无论在哪一种情况下,人们都会由此而恰好使他们看不清他们以为自己所选定的东西。这实际上也就是说,我们所拥有的只能是与另一个相联系的这一个:在我们对现代的经验的视野里,过去时代的伟大艺术变成为挑战性的话题,而反过来说也同样如此。这里我们也必须统而观之,在所有的地方都是这样。对于理论的理解来说,此情尤然。只要人们想正确地评价当前的艺术情境,那么他们就不应该满足于对当代生产的描述,而必须是承认新与旧的同时代性,这一同时代性笼罩着我们,并且它绝对不是自从所谓的后现代出现以来才在新产品本身的生产之中发生作用。这里艰巨的思想任务在等待着我们。

杜特: 而面对着这一同时代性,我们又应该怎样描述古典性与现代性的关系呢?

伽达默尔: 这个问题非常容易回答:现代的,那将变老的东西,就不会成为古典的。这就是答案。

杜特: 我想再次回到德里达。您已经谈过您与德里达在巴黎、在海德堡的相遇,谈过德里达在对话方面的障碍。我最感兴趣的是关于他的解构论与您的解释学之间的问题。在他那儿和在您那儿,一个占有突出位置的论题是语言与意味(Bedeutung)、字词与意义

---

① *Die Aktualität des Schönen*, S. 60.

(Sinn) 的关系。为了准备我们的对谈，我还算仔细地再次阅读了《真理与方法》的第三部分。关于"字词的辩证法"①、关于"语言的思辨结构"②，我在这里所读到的——例如说，"字词的有限的可能性被归于意指的意义，就如被归于一个通向无穷的方向一样"③；再如，基于在每一单词中"言说之活跃的潜能"，"一个内在的、成多倍增长的向度"出现了④；复如，语言因此而不是对于一个先已存在的意义的模仿，而是一个永远有所保留的"向着语言的趋近"，在此趋近中意义"宣示"⑤ 其自身——这些在我看来还是与那个被加什所很好地如此描绘的基础结构⑥没有什么天壤之别，这个基础结构曾被德里达在其《文字学》第一部分即在对逻辑中心之形而上学的超验所指的解构中予以揭示。

"不存在第一个词……对于每一单词的意义来说，总是先有一个语词系统作为其前提。"⑦ 在您的一篇叫做《语言与理解》的论文中这样写着。这是一篇重要的但我发现又是不太受重视的文章。其中您指出，那一"语词系统"不应与稳态语境的语义抽象相混淆，相反它是总在进行着的讲说和进一步讲说的运动："语言之最重要的特点是，一个字词给出另外一个字词，这就是说，每一字词都被另外的字词所召唤，而这另外的字词自身又向继续的言说进一步开放。"⑧ 让我以德里达那漂亮的复述库齐乌斯⑨的文字来

---

① *Gesammelte Werke*, Band 1, S. 462.
② Ebd., S. 478.
③ Ebd., S. 473.
④ Ebd., S. 462.
⑤ Ebd., S. 478.
⑥ Rodolphe Gasché, *The Train of the Mirror: Derrida and the Philosophy of Reflection*, Cambridge 1986.
⑦ In *Kleine Schriften IV. Variationen*, Tübingen 1977, S. 94—108; hier S. 106.
⑧ Ebd., S. 107.
⑨ 德里达称引的是库齐乌斯（E. R. Curtius）《欧洲文学与拉丁文的中世纪》中的《书的象征主义》一章。——译注。

说吧:那逻辑中心的"书的理念",那"所指的业已建构出来的整体性"①,虽然您没有向着文本的游戏予以超越,——但是您还是以您的方式超越于此:在对谈的游戏中。难道您真的没有看见德里达与您本人某些理论线索的重合吗?

伽达默尔:回答这一问题我有一定的困难,因为我发现通过理论概念不能正确地描述德里达和我本人。对于后来的德里达,就完全不合适!

杜特:"他不谈理论",——罗蒂这样说。②

伽达默尔:而且罗蒂这里也说得对!推动德里达的是解构。

那好吧,假如我有条件地接受理论概念,显而易见的则是,德里达实际上在《声音与现象》(*La voix et le phénomené*)中就讲得太多了。在德国我们于1924年便涉及过一个相近的论点。让我至今记忆犹新的是,我那时同洛维特(Karl Lowith)一道恰是以批评的态度来阅读胡塞尔的《逻辑研究》的,而德里达则是在40年后以其自己的方式达到了这一点。我们其实脑子里盘旋的是洪堡,而德里达则让自己从皮尔斯(Charles Peirce)那里汲取灵感。是的,——《声音与现象》以及《文字学》内容丰富,这我一点儿都不想否认。可是重要的是以此而开展一场对话。您引用我的《拆毁与解构》一文的结论:我的目的是为了对谈,而可惜的是德里达自己不参与对谈。他为什么不能于此呢?这我不清楚。他猜疑我用理解意愿,用理解准备,这理解准备实在就是每一对谈的先决条件,将超验的所指变幻进有问必答(Rede-und Antwortstehen)的事件之中。我哪里会做这等事情!语词的辩证法,如您正确地引述的,倒恰恰是产生于下一语词的

---

① *Grammatologie*, übers. von Hans-Jörg Rheinberger und Hanns Zischler, Frankfurt am Main 1998, S. 35.

② Richard Rorty, "From Ironist Theory to Private Allusions: Derrida", in ders., *Contingency, Irony, and Solidarity*, Cambridge 1989, S. 122—137; hier, S. 125.

不可支配性，对此我从未怀疑过，而且相反我曾予以特别的强调。对谈是语言的游戏。对谈准备只是进入这一游戏，它不是对这一游戏进行控制的无处不在的试图。

杜特：此处我不知道我是否可以提出一个德里达曾于巴黎提过的问题。他那时向您问到，在对谈中究竟什么是一个语境的扩展，"它应该是一个持续不断的扩张，或者是一个不连贯的重构？"①

伽达默尔：我只能回答说：我自己从来不知道。我能知道吗？难道说下一个语词是可以支配的吗？

杜特：有责备说《真理与方法》是逻辑中心话语最后的宏大叙述之一，这刺痛您了吗？

伽达默尔：我真想请那提出这一责备的人读读该书。我真想试试能否与他展开一场对谈。——不，我认为已经从海德格尔那里学到，哲学并不以判断和命题的形式出现。因此我想将我自己的探索方向更准确地表述为这样一个公式：不是面对着语言②，而是与语言一道思想。

杜特：在以您巴黎演讲为基础的修改稿《文本与阐释》的核心部分，存在有一个文学阅读的理论，或者像您更喜欢说的，一个关于"特出"文本的阅读理论。假如人们愿意充分地了解您对美学的思想探求，那么对于这一理论的研究就是不可缺少的。"哪儿都不会有"，如您指出的，"像语言艺术那样明显的对接受者之参与的需求。就此而言阅读便是真正的和代表性的形式，接受者对艺术的分有即以此形式出现。"③ 依据这一基本之理解，在《文本与阐释》中所阐述的阅读理论被作为一种审美

---

① *Dialogue and Deconstruction*, a. a. O., S. 53.
② "面对着语言"（gegen die Sprache）的意思是，把语言作为客体、作为工具。这是伽达默尔语言论所着力反对的观点。详见《真理与方法》第三部分。——译注
③ "Ende der Kunst?", in *Das Erbe Europas*, S. 82.

理解的理论来对待。该理论描述那一理解过程的特殊性，此过程发生的处所是与艺术作品的相遇，语言的抑或非语言的都一样。或许我们能够在这一理论的关系中讨论一下此描述的方方面面。

不过我们应当首先回忆一个最重要的理论步骤，这一步是您在哲学美学领域里向着《文本与阐释》的叙述之路迈出的。在《真理与方法》第一部分所勾画的艺术作品的本体论将其自身作为对生命美学之形式主义意味的纠正，您将一个不完备的即被削除了解释学维度的审美经验概念归咎于这一生命美学。如此您分析的结果就是这样一个纲领性的、尖锐的陈述："美学必须归属于解释学。"① 这一要求究竟有何深意？

伽达默尔：这个嘛，当人说及审美经验的时候，他通常以此所指的不是内容，而是形式，——仅仅是一件艺术品的格式塔特性。美学的形式主义即出自于此一观点，这种形式主义以各种各样的方式主宰着讨论，如果它不是例如被黑格尔通过一个内容美学而辩证地予以改造的话。您所引录的句子②与此有关，当然在这个句子里我并未仿效黑格尔而要求一个内容美学。我倒是主张，一件艺术品由于其格式塔特性而对我们发生某种意味；通过此意味，问题被唤起，或者也被回答。一件艺术品"对某人发生某种意味"，——这不是一个空洞无物的套语，而是这一陈述，它不是无来由地每每出现于我们的由于与艺术品的相遇而促成的交往之中，相当准确地揭示了艺术经验的现实性，而此一现实性仍被掩盖在生命美学的抽象之下。一件艺术品"对某人发生某种意味"，——这里面存在有这样一个关涉性，即关涉于被说出来的东西，以及为了使自己和他人都能明白而总是思索那被说出来的东西的任务。我因而坚持：对艺术的经验就是对意义的

---

① *Gesammelte Werke*, Band 1, S. 170.
② 即"美学必须归属于解释学"。——译注

经验，而且只有作为如此的经验它才是理解的一项工作。就此而言，美学实际上即归属于解释学。

杜特：您的回答已经表露出这样一个观点，即将理解的性质引入审美经验的理论不应当造成一个新版的唯心主义美学。的确，在《真理与方法》中您向黑格尔的美学讲演表达了钦敬，因为这些讲演曾经对那"存在于一切艺术经验"的意义指向①"予以肯定，并同时赋之以历史意识"②。但是您并未追随这一唯心主义体系的结论，在此结论中黑格尔试图从概念上将语义潜能归结为一个向着他的话语而仿佛终结性地彻底建构起来的世界艺术史，并期之于未来。您坚持，对艺术的经验不能允许任何高高在上的理论——同样也很少能够允许那种对宗教的以及历史的传统的理解。在您1977年出版的小册子《美的现实性》中，这种观点被提升成为一个原则性的、现在唯独与审美经验论题相关联的批判。当您着手处理海德格尔艺术作品论文③的主题时，您指出，唯心主义美学之所以忽略了艺术经验的特征，乃是由于它将此经验描述为"纯粹的意义整合"④。唯心主义美学看不见审美对象的"抵抗"，看不见"作品的抵抗"⑤。

伽达默尔：正是如此！我当时曾以一个名句来阐述这个观点，在这个名句中黑格尔将艺术美界定为理念的感性显现。显然这一界定的前提条件是，人们能够超越于显现的形式，超越于感性地表出的方式，并且思考着理念的哲学思维是真理的最高的和最恰切的形式。如果有人按着这种模式来描述审美理解，那么他就会以为，我刚才所讲到的那个首先的关涉性，以及一件艺术品

---

① "意义指向"在此的意思是艺术经验中的真理诉求。——译注。
② *Gesammelte Werke*, Band 1, S. 103.
③ 指海德格尔的《艺术作品之起源》一文。此文在被作为单行本印行时（Stuttgart: Reclam 1960），伽达默尔写了一篇导论。——译注。
④ *Die Aktualität des Schönen*, S. 45.
⑤ Ebd.

由以而对我们变得意蕴丰富的那个首先的不确定的意义期待,能够获得一个确定的语义完成,我们因此而一劳永逸地理解了意义整体,这也就是说意义整体在我们的掌握之中。而果真如此的话,那么艺术作品就将是一个单纯的意义载体,大概好像一封信或者一则报纸简讯,只要我们了解了其信息,只要我们达到了其意义终端,我们便将它丢在一旁。显而易见,这不是我们理解艺术的方式。谁都懂得这个道理,从其本人与艺术的相遇,例如参观博物馆、听音乐会等,从其阅读之中。

我们不是以一种可转播①的方式拥有意义。一件艺术品的意义是不能被转播的。一件艺术品必须是在那儿。而意义载体您是可以替换它的。您可以将一封信的内容通过电话传达过去,您可以意译一则报纸简讯。但您不能意译一首诗。您不能替换它!您只能记诵它,以使它在那儿并总是在那儿。此外,审美对象这个概念在我看来完全是不适宜的。当一件作品打动了我们,那么它就不再是一个客体,就不再是一个我们面对着的东西,一个我们可以俯视的东西,我们不能将它看成一个概念性的意义指向。情况正相反:作品是一个事件。它给我们一个撞击,它撞翻了我们,借此它建立起一个自己的世界,我们仿佛被卷进这一世界。

海德格尔在其一篇关于《艺术作品之起源》的论文中令人信服地描述了作品的这一事件性。他看到了这样的一种张力,这种张力标志着艺术作品的特点,当此作品建立起一个世界,并同时将此张力置入和固定于其静态格式塔的时候。这是一个双重运动,正是在这里存在有作品对于那个自以为唯其独尊的、以纯粹意义整合为其目的的要求的抵抗。海德格尔将此描写为艺术作品中世界与大地的冲突,我认为,实际上对艺术的唯心主义阐释便

---

① "转播"(Übertragung),电子媒介术语,指完全的声像传输,此处借喻意义在接受过程中的完整性、绝对性,即不增不减、依然故我。——译注

由此而得以克服。理解在作品的此在中体验到其意义的高深与无穷。

杜特：您本人曾经在这一关系上建议，将"作品"（werk）一词替换为"形象"（gebilde）一词。

伽达默尔：是的，这正是为了强调一个形象好像是由内向外地构成其自身的格式塔，它在那儿，仿佛是独自地在那儿，也只是独自地在那儿——而决非那种先有一个计划的构建。不是的，——一个形象恰恰不是被构建出来的。这个意思就是，我们所有的构建以及我们所有的指向形象的理解试图都必须被再次地取消。我们必须一次又一次地重新回到形象。

您譬如说波列科夫①的这幅画吧，现在它在这个位置已经悬挂三十年了。它是我六十岁生日时我的学生当礼物送给我的。我看着这幅画已经超过了三十年。每一次只要我坐在那儿，就是您现在坐着的那个位置，我就开始寻思起来，我问我自己：从这幅画里我究竟看到了什么呢？我总是望着它，但写不出任何阐释。那么我看到了什么呢？Je ne sais quoi.②它到底意味着什么呢？我看到，画的右边是一个黑色十字架，一个半残的十字架，它吸引了我的视线。往左边一些出现了一个红色的平面，这个平面使人在画的左部边缘看到一个图像，差不多就是一个头部形象。这可能就是一个头部侧影。或许是吧。这幅画就是这样持续不断跟我说话。我一次又一次地望过去。它迫使我一次又一次地返回来。

杜特：也许我可以将它作为一个关键词来理解，并且从现在开始提出关于《文本与阐释》的问题。在《文本与阐释》里面，

---

① 波列科夫（Serge Poliakoff, 1906—1969），俄裔法籍画家，师从康定斯基，以抽象画法名世。——译注。

② 法文，意思是"我什么也没看到"。此为法国启蒙运动中的一句美学名言，是说美的不可解释性。——译注。

"返回"（zurückommen）一词简直就是作为对文学文本即特出文本的特征的定义性描述来使用的。当文本另一方面在我们的日常经验里每每只是"一个理解事件发生过程的某一阶段"时，语言艺术作品则是"独""立"① 不倚的。它们"总是惟在向其自身的返回中才真正地在那儿"②，因而对于最严格意义上的阅读来说，它们总是处在一种即将的状态。从阅读活动这面看，现在这显然意味的就是一种与理解难度之增加所不同的东西。当然在阅读其他文本，例如科学论文时，也是存在有理解难度的问题的。但是，如果我对您的理解是正确的话，与文学文本相遇的那种阅读则是要经历其自身的改变的。

伽达默尔：那么，这首先就是：阅读即理解。谁要是不理解，他就等于没有阅读，而只是拼读字母和照本宣科。在放声阅读时，这种阅读无法承担真正朗读的任务，人们感觉到：他们几乎不能理解自己所听到的东西。当然这是例外的情况啦。通常一个读者是理解他的文本的，至少说可以达到这样的程度，即他能够比较地专注于文本在说着什么。有了这样一个清楚理解困难的试图，阅读就可以得到精心的关顾。比如说碰上一个不认识的单词，我们就去查词典，然后接着读下去。在此情况下，文本实质上只是我前面所称的意义载体。所谓单纯的意义载体就是，一旦我们领悟其意义，它对我们便不复存在。而文学文本却不会消失，即便明摆着的是，对于文学文本而言亦无不同，即所有的言说都有一个我们必须理解的意义。在文学文本里，语词本身承载着读者以实用的态度所试图把握的意义。不过它们不是以一个单纯的可传来送去的方式来显示其意义。一个文学文本里的语词是自我呈现的，呈现于其文字本身，呈现于其自身的声音现实，以

---

① *Gesammelte Werke*, Band 2, S. 357.
② Ebd., S. 351

及一个意味充盈之中,此意味充盈越过了言说语境所给定的意味界限。

对于我们称之为文学的东西来说,——毫无疑问它有各种不同的级别——一个异乎寻常的抵抗游戏可谓是特征性的,它发生于意义指向与语言的自我呈现之间。而在其他地方我们则找不到这种游戏——自然对于阅读而言,文本应当是前后一贯的。因此我的意思就是试图表明,只要我们说到文学文本,那么文本与阐释的关系就从根本上改变了。这就是说,我谈论的是"特出"文本。我以此所意谓的是某种非常确定的东西,即一个这样的文本,它由于是数线分别所织而实际上就没有什么是能够解开的,它因而就是一个真正的文本,结果人们平时于阐释中所进行的一切拆线活动都要求着再次编织进去。这类重新返回文本实际上便意味着,让文本说话。

杜特:如果我正确地跟从了我们现在所谈论的这篇论文的论证路线的话,那么其关键点大概就是,此一返回或者必须返回——您有一次甚至说,人们被"抛回"①——是阅读自身之根本性的经验内容,它决非出自于一个事后观察,这一观察人们在后来的阅读中或者做,或者也不做。

伽达默尔:前面我已经指出过构建与形象之间的张力了。"构建"(konstruktion)一词或者"建构"(konstruieren)一词是人们从古代语言课程里学来的。学生必须建构句子,以理解句子成分的意味。如果他正确地建构了,那么他就会豁然贯通。一个文本的解释学运动,即阅读,堪与此作完全的比较。人们在一个整体的意义统一性中建构其所面对的部分。人们跟随着一个意义期待,一直坚持到整体的完成,但只要文本对此提出挑战,人们就总是得对它进行校正。毋庸置疑,在每一阅读中都存在的解

---

① *Gesammelte Werke*, Band 2, S. 358.

释学运动的这个基础结构，也同样在文学文本的阅读中发生作用。理解在此亦复如是，即它也趋向于一个形象的统一性。

但这决非同时就是说，我们朝着一个意义终点匆匆走过一个文学文本的意义线路。毋宁说我们总是停下来，返回去，每次都发现新的意义关系、声音关系，这些是语言自身呈现给我们的。我们不只是停下来，我们同时还翻转阅读的自然运动方向。我们往回翻阅，我们沉浸于阅读，在形象的世界里愈陷愈深。实际上人们甚至能够说，我们被抛回，但绝不是因为我们失败了，而是因为这一由意义和声音构成的世界是如此地充满，取之不尽，用之不竭，以至于它一旦抓住我们便不再松开。

杜特：在《文本与阐释》中您谈论了一个文学文本的"容量"（volumen）①。

伽达默尔：是的，正是如下一个要素成就了一个文本的"容量"：充盈的变化着的声音现实和意义关系，这一充盈不会流于纯粹的意义目的论。

杜特：如果人们不愿意将此一容量只是解释为一种装饰或者打底色，而是严肃地视之为审美理解的经验维度，难道他们不应该由此而得到如下的结论，即以意义为取向的阅读在对意义线路的跟从中所建立起来的解释学同一性，就是在文学文本的阅读中被摧折了的一个同一性？难道解释学同一性不就是被您所称之为容量的东西持续不断地超越其自我性的边界吗？难道这不正是在阅读过程中所经历的东西吗？

伽达默尔：大概是这样吧。可是——在这样的文本中难道真是只有一个意义取向的阅读吗？难道阅读不就是一种歌唱活动吗？难道诗被诵出的过程——仅仅为一个意义指向所负载吗？诗在被诵出的过程中同时不是也讲出了一种操作真实（vollzug-

---

① *Gesammelte Werke*, Band 2, S. 358 u. ö.

swahrheit）吗？这是诗所提出的任务！或者，是不仅仅作为映象的图画所提出的任务。在今年将要面世的《文集》第 8 卷，我有两篇新的论文阐发了我这里所谓的"操作真实"①。

杜特：您将驻留（verweilen）归入艺术作品，归入被体验为深不可测的形象的艺术作品，这一驻留是艺术体验的时间格式塔。

伽达默尔：与艺术相关的时间维度实际上是奠基性的。在此时间维度上我们将清晰地看到，究竟是什么与理解的实践领域相区别。"瞬间"（weile）具有这一特殊的时间性结构——一个变动性的时间结构，可是这一时间结构又不可阐释为延续（dauer），因为延续常常意味着只是在一个方向上的前进。在艺术经验中这可不是固定不变的。当我们驻留时，我们就是与艺术形象在一起，这一作为整体的艺术形象将变得越来越丰富多彩。容量无限地增大——因此，我们在艺术形象那儿学习驻留。

杜特：最近十年文化工业的恐怖发展到了一个新的程度。通过录像技术和所谓私营电视，消费者的持续轰击实际上已经成为可能。媚美②爆炸之发生不像以前那样有所间歇。再者，如果人们挖空心思，以将一个后现代的合法性，赋予当前所发生的事变，那么驻留在中间将不复有其位置。在您追思海德格尔的讲话中，您讲到了一个"正在消逝的审美文化"③。驻留会消失吗？

伽达默尔：这有可能——不过，不会这样的。人们可不会自

---

① "操作真实"的意思是说，文本的真理唯有在解释实践即阅读操演中才能呈现出来。伽达默尔所提到的两篇论文是《语词与形象》和《仪式和语言的现象学》。——译注

② *Gesammelte Werke*, Band 2, S. 358 u. ö.

③ "媚美"（Reize），指感官刺激的美。传统美学将美的形态划分为优美、壮美和媚美，例如叔本华《作为意志和表象的世界》第三篇。——译注

甘堕落！我相信，社会有创造性的大脑将不受此影响，或者将从这影响中挣脱出来。最终人们将不再能够忍受去做所有其他人在所谓闲暇时间所做的事情。不——我相信，瞬间是某种将永远存在下去的东西。否则，趋新就太无聊了。

（金惠敏　译注）

什么是群众?

——哈特和内格里访谈录

  2005年春,伊莫瑞·泽曼(Imre Zseman)和尼古拉·布朗(Nicholas Brown)对《群众》的作者迈克尔·哈特(Michael Hardt)和安东尼·内格里(Antonio Negri)进行了一次访谈。因为泽曼是我的朋友,哈特曼我也熟悉,所以访谈完成之后,伊莫瑞·泽曼便把英文稿寄给了我,希望我翻译成中文出版。众所周知,哈特和内格里是《帝国》作者,该书出版后曾轰动一时,引起巨大反响;而《群众》可以说是《帝国》的姊妹篇,且刚刚出版,所以我便答应了他们的要求。下面是整个访谈的内容。

——王逢振

  迈克尔·哈特和安东尼·内格里的《帝国》是21世纪初最有影响也最有争议的学术著作之一,它以一种伟大的"群众反对帝国"的乌托邦的观点作为结束:充满渴望的群众所构成的力量,反对在我们面前正在形成的新形式的全球统治。但它对某些问题故意没有作出回答:群众如何把自身构成一种政治主体?"我们对此提不出任何模式。"①正如我们进行访谈时作者所说

---

① Michael Hardt and Antonio Negri, *Empire* (Cambridge, MA: Harvard, 2000): 411. Page references in the body of the interview refer to this text.

(见"The Global Coliseum: On *Empire*", *Cultural Studies* 16.2 [March 2002]: 177—192):"对我们这本书的主要批评之一是群众的概念仍然不够明确,太富于诗意。部分原因是我们主要集中于帝国,需要较长的篇幅论述它的性质和结构。但无论如何,群众的概念问题是我们当前工作的焦点,我们希望将来能够更充分地阐述这个概念。"他们的新作《群众》(*Multitude*)接受挑战,发展了"群众反对帝国"的另一面,把群众的概念"从想象的诗歌转向思想的散文"。①

《群众》和《帝国》一样,涉及的范围也非常广阔——从当代战争到南非占地运动到《联邦主义者的文件》——穿插着抒情的段落,以惊人的方式说明主要文本,并旁征博引地论述该书提出的理论问题和实际问题。②

在《帝国》中为广大读者提供新观念的那种令人钦佩的雄心,在《群众》里依然继续并且更加明显。《群众》力图从理论上阐述群众的概念(它像许多概念一样,乍看简单,其实要复杂得多),但尽量避免使用专门术语,以便使非学术界的读者也能理解。群众的概念对我们两个人都非常具有启发意义,然而——可以说,围绕这个概念的范围——我们觉得在某些方面谈得不够清楚,或者说我们接受起来有些犹豫。这个访谈大部分是根据那些犹豫和不确定的观点提问的,而提出的问题也是《群众》本身要回答的问题:即什么是群众?

尼古拉·布朗和伊莫瑞·泽曼(以下简称 B‑S):不论人们怎么想,《帝国》在全球知识界产生了重大影响。关于该书的接受情况,有什么特别的东西使你们感到吃惊——有什么东西有

---

① G. W. F. Hegel, *Lectures on Fine Art*, Vol. I, trans. T. M. Knox (Oxford: Clarendon, 1975): 89.

② Michael Hardt and Antonio Negri, *Multitude: War and Democracy in the Age of Empire* (New York: Penguin, 2004).

助于你们创作《群众》？例如，在《群众》的开始，你们公开说，它不是想回答"要做什么"的问题的一本书，也不是为政治变化的某种决定性的形式制定一个具体的路线图，而是一本关于哲学的著作。在我们看来，尽管这本书论及哲学，但在形式上它比《帝国》更容易被更多、更广泛的、一般对哲学不感兴趣的读者接受。

迈克尔·哈特和安东尼·内格里（以下简称H-N）： 也许哲学在这里是错误的用语，因为我们所写的东西与当代哲学学科几乎没有什么关系。就我们在《群众》里所做的哲学而言，在非常广泛的意义上它当然是哲学，就是说，它试图提出适合当代境遇的概念，探讨在我们世界上正在形成的价值观。但是，甚至在提出价值观和选择、发现新的生活方式时，人们也不应该忘记他们带着自己的愿望和痛苦所经历各种政治和社会组织的物质方面。也许《群众》过于坚持寻找这些物质方面（其实只发现了一部分）。这也许是本书更积极的方面之一（同时也是它的局限之一），但肯定正是这种精神使它充满了活力。

这也许是从这样一本政治著作中人们可以得到什么或应该期待什么的问题。一本政治著作能做什么呢？当许多人承认我们在《帝国》里的论点并探索它们的政治含义时，我们当然非常高兴，但令我们也感到吃惊的是，人们经常要求该书做的更多一些，就是说，应该标出一条实际的政治路线，或者提供一个具体的政治计划。如果在集体实践中尚不存在实现这种计划的潜力，那么我们发明这样一种政治计划并要求他们遵循这种计划是毫无用途的。总之，我们的著作是以当前存在的政治欲望和实践为基础，描述对当前世界秩序可能出现的选择。那也就是我们强调（也许是错误的）我们著作的哲学性质时所要表明的一个部分。

B-S： 也许有些天真，我们想问的是：为什么现在这项计划是必须的？对于你们在书里所描述的政治形势，什么是这种宽泛意义上的哲学——吉尔·德勒兹和费利克斯·伽塔利所说的"构成、发明和编织概念的艺术"①——能做的事情？在9·11事件之后，许多批评家告诫说，我们应该做的是暂时停下来，生产出更好的理论（反对因所谓与哲学对立的政治而放弃哲学）；在提出任何具体政治方案之前，你们坚持编织适合我们历史转折的概念似乎与这种看法有着某种共鸣。同时我们也想到了佩里·安德森（在《对西方马克思主义的思考》里）对经济和政治革命转向悲观主义方法的批判性评价。在什么方面《群众》是一本哲学著作而又超越作为静态征象并阻碍政治能量的哲学？

H-N：也许这是第一次我们的著作与悲观主义相联系！从总体上说，我们认为这种哲学著作不包括悲观主义——就那个问题而言，也可以说乐观主义。它当然包括不带幻想地去面对我们今天面临的各种形式的权力、剥削和压迫，但它也包括创造一些能够认识发展和解放的真正潜力的概念。

我们在这两本书里所做的事情，你们也可以看作是21世纪百科全书的开始。当然，已经开始做这项工作的绝不只是我们二人。它是一种相当广泛的、集体的努力，目的是创造（和再创造）一些适合当代政治思想需要的概念，同时也要解开掩盖现实的一些概念的秘密。我们可以列举这样一些概念：生物政治和生物权力，共同，传播，共产主义，构成的权力，民主，差异，决定，经济依赖和相互依赖，帝国，成批离乡，朋友/敌人，管理，混杂，迁移，混血儿，现代性—后现代性—"其他"现代性，再现，革命，等等。如果这样看，我们的著作实际上属于启蒙运动的哲学传统，它等待着某种可以与这种哲学著作相联系的运动，等待着与这种新的词语相结合的新的实践。

---

① Gilles Deleuze and Félix Guattari, *What is Philosophy*, trans. Hugh Tomlinson and Graham Burchell (New York: Columbia UP, 1994): 2.

但实际上这也是不正确的,它使我们回到你们刚才引用的佩里·安德森的评价。我们肯定不会认为,今天应该从离开实践转向理论,或者离开政治经济和革命转向方法。研究应该在两个领域里同时进展。以这种方式把理论和实践分开的设想肯定是错误的。今天的运动——反对战争,关于劳动条件、移民、环境、性别不平等以及其他许多关心的问题——不只是实践的问题。在这些运动中有许多高水平的理论阐述在进行,它们使用的概念常常与我们探讨的概念相同或相似。

这样,最终回到了你们开始的问题:这种哲学今天是必须的,因为我们需要新的词汇和新的概念框架来理解当代世界和它所提供的种种可能性。而在我们看来,这种哲学的介入或者概念的革新,正在比人们最初的预想更广泛地进行。

B-S:你们直接说明了《群众》的主要任务是对民主概念的重新概念化,而你们著作的一个最有力的方面是它突出了全球范围民主的可能性。你们根据其深刻的局限性提出了民主的问题,因为自从18世纪后期这个概念形成以来(当时在希腊城邦中出现的可能性扩大到了民族—国家),这些局限性一直被强加于民族的概念,但你们也参照了现在已经打开的潜在的可能,即有可能实现"以平等关系和自由为基础的大家治理大家的真正的民主"。

在大家治理大家出现以前,必须超越两种特殊的观念和物质的限制:第一,民主与代表制的联系,它对各种形式的共和主义是基本的,对社会主义也是基本的;第二,主权的概念,它把做出决定限制为统一性(不论如何构成),而不是群众的多样性。你们是否可以谈谈这些限制?谈谈民主在另一面存在的可能性。

H-N:你们说的肯定是对的,今天,对于任何旨在更新民主的理论革新或实践实验,代表制和主权都是两个主要的障碍或构成冲突的焦点。就主权而言,任务相对明确:永远摧毁所有超验的因素（或者，神秘的因素），因为这些因素支持着各种形式的政治观念，以及在成熟资本主义范畴内所论述的政府的观念。代表制的概念提出的是有些复杂的挑战。当然，今天仍然发生作用的代表制的主要形式，尤其是当前的选举体制，都具有极端的局限性。但这不应该使我们立刻寻求废除所有形式的代表制——或者，实际地讲，甚至不应该要求现存的代表制实现它们的许诺。只有对现行的形式施加压力并对新形式的代表制进行实验，我们也许才能超越现行的代表制——假如这是一个可行的计划。

在这方面，它与历史的关系是双重的：在某些情况下，我们时代的挑战和可能都是新的，但我们也有许多东西要通过承认与过去的某些连续性来得到。例如，不会马上把共和主义整个置于主权和代表制一边。托马斯·杰佛逊在卸任总统以后，在他生命的后期，曾试图澄清对这个术语的使用。在美国建国初期，对这个概念有许多模糊的用法："我们想象一切共和的东西都不是君主制度的"（Jefferson, *Writings*, New York: Library of America: 1984, p. 1396）。这里杰佛逊试图作出更确切的界定。"如果我要给这个术语一个确切的、明确的看法，我会非常单纯地说，它指的是一个依靠其公民群众的政府，根据大多数人确立的规则直接并亲自行动；每一个其他政府或多或少都是共和制的，在它的构成中或多或少都有这种公民直接行动的成分"（1932）。杰佛逊试图以某种公民的直接参与和行动反对宪法和联邦主义者提供的遥控的代表制形式。当然，我们不是说我们可以从过去找到答案，但承认我们与过去某些传统的连续性有助于我们走上正确的轨道。

毫无疑问，真正的答案只能来自实践。今天代表制的普遍化危机，把对新形式的代表制度的实验和非代表制的民主形式推到了政治议程的中心。我们的理论任务的一个方面就是随着这些实验的出现而跟踪它们。

B-S：在《帝国》里，这些实验在理论上被阐述为"群众反对帝国"，按照你们的看法，对这些实验负责的力量在概念上仍然模糊不清。当然，在我们看来，群众的概念是《帝国》非常吸引人的地方，但也是最大的问题，因此我们满怀期望地等待着《群众》的出版。在一开始前言的几页里，你们突出了我们认为是群众概念的主要矛盾的问题。一方面，我们可以指出"群众的计划"，即某种共同生活的构成或全球民主。另一方面，"群众永远不可能被归纳为一种统一"。但是，一项计划必须是这样一种统一！这种矛盾如何解决？我们可以想到几种并不令人满意的解决办法，从群众的进步愿望是所有矛盾愿望的一种统计平均的看法，到一种普遍的民主意志的简单的演绎假设，都不那么令人满意。另一种解决办法在概念上似乎可以维护：就是说，那种计划的统一必须从群众本身"内部强加于人"。但是，如果不是知识分子和积极分子的先锋，谁来强加于人呢？然而你们指出，先锋政治是一种特别有害的、不合时宜的、从过去政治的延伸。

这个问题是"理论和实践统一"这一老掉牙的问题的翻版，现在已经失去了它的大部分意义。但它下面的问题却是真实的。我们是在想格奥尔基·卢卡奇的一篇文章，这篇文章今天不经常读，标题有些可怕而生疏，它就是"关于组织问题的方法论"。他在文章里论证说，一项社会计划——我们不妨说全球民主——如果没有社会组织调停就是毫无意义的抽象。"想象世界和平"实际上没有任何意义，但这里我们都赞成同意和平，因为我们并不确切知道它意味着什么。而旨在使我们达到和平的实际的社会动员，既会把"和平"具体化也会面对各种反抗。"民主"是另一种这样的抽象，我们实际上已经开始放弃，因为我们认为，民主作为一种计划随时能以各种强制或诱惑的方法而摆脱它在当代的具体化，从而使放任私有化的政策在全球确立。

另一方面，《群众》最吸引人的方面之一是，你们的民主概念坚定地坚持扩展共同性。按照我们的理解，群众的意思是要在仍然抽象的概念（全球民主）和政治实践之间实现某种社会调解组织的作用。群众本土组织的方式是某种分配系统的方式：如果我们不是过于简单化，这种模式是一种多少有些自发的、暂时的联盟模式，它协调不同的日程，但没有中心的指令。当然，今天这种组织方式是有效的，至少在动员群众抗议滥用当代秩序中是如此。但我们担心的是，一种以"群众反对"为特点的组织形式是否足以构成确定的"群众赞成"的政治计划。因为存在着全球性的行动者，他们既促使破坏劳动者的工会主义，又促使加紧掠夺第三世界的自然资源，所以一些各不相同的群体——例如本土权利组织、劳动工会和环境主义者——可以共同组织起来抗议世界货币基金组织，但这并不意味着他们的利益真正相同，它们可能会经历一系列导致分裂的策略上的让步，它们也可能对具体的、确定的、走向全球民主的计划达成一致。

H-N：让我们暂时后退一步，以不同的方式提出这种统一的问题。今天创新民主的一个方面，就是要打破公民社会和政府之间的分离，或者用另外的方式说，打破社会和政治之间的分离。当然，你们承认这是马克思主义传统里的一个长期存在的计划，在马克思自己的著作里也经常表现出来。但是今天，我们觉得终于出现了打破这种分离的条件。这种条件是由当代的危机造成的。事实上，向政治后现代性的过渡以及对生物力量和生物政治的实际承认，对于超越资产阶级的社会和政治之间的分离至为关键。一方面，当代资本必须继续这种过程，因为以它作为生物力量的形式，它必须通过政治权力直接剥削社会。另一方面，群众本身的形成过程深刻地卷进了对这种分离的破坏。但是，减少这种分离的形式可以多种多样，并不一定导致统一的结果。事实上，对群众来说，最重要的是它不要导致统一的结果。毕竟，群众从根本上参与了差异、创新和生活方式的生产，因此必然会引起多种单一性的爆发。当然，这些单一性根据构成的过程相互联系并协调，而构成的过程总是重复的和开放的。要求群众成为"市民社会"毫无意义，另一方面，要求它形成一个政党或任何固定的组织结构同样也是荒谬的。群众总是处于开放的关系之中，并由单一性驱动。那种计划真的是巨大的抽象吗？在我们看来，当它对当前权威政体做出反应时，至少就理性想象的纲要不是抽象的情况而言，它不是那么巨大的抽象。欲望自然会出现在有危险的地方；想象自然会针对危机的关键。面对危机，对群众的想象预先就使主体性倾向于共同的行动。

但是，这里的共同并不是一致，既不是它反抗敌人时的一致性，也不是它所表示的集体建构新的城邦存在的地域时的一致性——简言之，既不是"群众反对"时的一致性，也不是"群众赞成"时的一致性。"群众反对"的意思是指反抗那种不要共同性的力量，即阻止和瓦解它的力量，或暗中把它分开并重新占有它的力量。相反，"群众赞成"的意思是肯定共同性，尽管共同性各不相同，每一种共同性都有自己的创造性表达。如果我们要把这种情况称为一致性，那么我们就不得不说它是一种由差异构成的自相矛盾的一致性。而这样一种说法只能倾向于减少和否定那些差异。因此我们在这里喜欢使用多样性和单一性这样的概念。

你们所说的从内部强加的统一性与我们要说的非常接近，但我们仍然相信统一性是个错误的概念。任何经历过实际政治斗争和大批人离乡事件的人都知道，"反对"和"赞成"之间的关系（它们在构成和本体论方面都是真实的和确定的）是在运动本身内部形成的。甚至列宁主义的先锋派（或者卢卡奇想象的那种人）也不是运动之外的事情，而是在运动本身内部构成的。但为什么说统一性呢？你们似乎认为，反抗的力量若要挑战今天的统治力量，唯一的方式就是联合，即使那种联合可能与我们的民主、自由和单一性的愿望对立。你们似乎会说，面对严厉的权力现实，这是一种我们必须遗憾地接受的让步。这说服不了我们。事实上，即使人们暂时接受，只考虑有效性，中止所有的政治欲望，我们也不认为统一性是有效性的关键。我们不妨离开我们一直进行的概念阐述，只从今天具体的、实际反抗的政治斗争来进行思考。如果他们联合起来真的会更有效吗？难道他们当中的某些力量不是直接联系着他们内部的多样性以及他们对自由的表达？相反，群众的概念表明（我们今天在各个地方的运动中都看到这种情况在出现），社会组织是由它在没有联合的情况下的共同行动的能力限定的。

B-S：在《群众》里，同型性现象——比如说，在没有联合的情况下群众共同行动的能力与帝国本身的"混合构成"之间——具有什么样的作用？我们仍然在考虑联系网的修辞，它同时也是对当代全球权力的物质形式的描述，对反对这种权力的必要的反抗形式的描述，或者对在单一性当中形成的一种共同生活模式的描述。另一种形式在群众本身的概念中可以看到，它在金融世界"巨大的抽象力量"里发现了一种同型的、类似的现象（虽然你们补充说，社会财富在金融中的表达"因私有制和极少数人的控制而受到歪曲"）。那么，第一，这些同型现象如何与我们所理解的那种表达总是已经在群众中存在的民主潜力的历史条件联系起来？第二，如何把它们与当代政治策略的架构——旨在实现群众潜在能力的行动——联系起来？

H-N：你们强调我们作品中所说的同型现象是正确的。这首先有助于联系福柯著作中的同型现象（尤其在他的考古学方面）来思考它们。对福柯来说，同型现象有助于认识特定时代或社会构成跨越不同地区的连贯性和一致性。时代之间的断裂最明显的标志是转向某种新的同型的修辞。但是，在福柯的著作里，这种对同型关系的分析并没有说明权力策略和那种反抗策略之间的差别。换句话说，如果仔细观察这些同型现象，权力和反抗两者具有相同的形式，因此似乎很难区分。正如你们指出的，这在我们的著作里也是如此。

不过，所有这种对同型现象的分析，确实都局限于一种纯描述的观点。在同型现象与某些"详细阐述的方式"相关的意义上，同型现象是描述的方法。如果我们从描述的观点转向本体论的观点，这种情况可能会完全不同。从本体论的观点出发，每一种这样的描述方法都受到某种基本动力的驱动，根据不同情况，这种动力可以称作生存劳动的动力或者"自由发展"的动力。当我们采取生存劳动的动力观点时，我们可以看到斗争的联系网如何先于资本主义统治的修辞，从技术改革到工作日的变化甚至到金融世界的形式无不如此——换言之，在构成资本管理的集体修辞的任何地方都是如此。

群众民主视域的构成要求打破团结，打破对生产模式和金融资本网络的一般和抽象的模式的肯定和重构。首先，这是一种本体论的断裂，就是说，它是从资本的观点的远走高飞，或者一种标志着那种观点不可重现的决定。这并不是说，为了革命的目的人们不可以或不应该利用资本的机制。问题是如何根据联系网发现所有特殊介入的地方，并进而发现所有断裂的地方。当群众力图根据这些观点行动时，它不只是提出某种颠倒的同型现象（沿着否定辩证的路线），而是按照构成共同性的需要（实际上是隐在的）利用非物质的、认识的和感情生产的力量。

B-S：谈到辩证，那么：它有什么错误？前面我们以不同的方式问过你们这个问题。在我们看来，你们许多最深刻的洞察都是最深刻的辩证——甚至是经典的辩证——然而，在《群众》和《帝国》里，辩证法都被当成了令人讨厌的东西。当然，黑格尔的许多辩证应该放弃，今天仍然充满活力的每一个哲学家也是这么做的。人们甚至不会完全接受斯宾诺莎。而对我们可以想到的另外一些哲学家，则存在着令人尴尬的庸俗的挪用，甚至历史上一些非常有影响的也是如此，这些都应该严厉地加以否定。但是，正如你们知道的，今天对黑格尔有一系列的重新思考，它们把许多黑格尔的原型——目的论的，欧洲中心论的，泛逻辑主义的，以及通常的怀疑——都当作与黑格尔最重要的思想无关的东西。你们在一个地方指出，巴特勒/拉康/济泽克的争论证明，甚至围绕辩证发生的论争也是无益的、乏味的。但是，济泽克——不论他最近试图发现一个彻头彻尾的黑格尔式的德勒兹取得什么样的成就——赢得了争论。

H-N：如你们所说，我们同意济泽克赢得了争论，但对我们来说，这并不会使关于辩证法的争论更有用或更有意思。值得重复的是，如果你们用辩证法只是想强调与物质现实相关的联系网，那我们没有什么争论的。但是，如果你们用辩证法指一种目的论的运动，只承认差异就是矛盾，然后在最后的统一中恢复每一种差异——我们是这样理解黑格尔的——那么我们确实觉得这里有一个问题。在我们当前讨论的语境中，最重要的是群众本身的概念，而我们认为它是被黑格尔的辩证法否认的一个概念。

不过，你们是对的，在我们对这种历史修辞的理解中，没有必要固定不变。在反对目的论、欧洲中心主义和你们指出的其他方面，我们应该严厉一些，而对关于黑格尔的新的解释则应该开放。（顺便说一下，也许济泽克在做的不是要发现一个黑格尔式的德勒兹，而是要说明德勒兹的一些黑格尔的方面，而这当然会使我们更同情这种努力。）

B-S：正如你们的（非常黑格尔的）交叉所表明的，这里可能有某种共同的基础。但现在我们想提出一种黑格尔的看法，我们觉得这涉及你们作品中一个非常重要的时刻：即当群众"作为主体出现并宣称'另一个世界是可能的'"时刻。你们的建议难道不是从"群众本身"到"为了自己的群众"的突然转变吗？你们提出的困难是，如果没有有效的统治（例如党的纪律）强加的统一性，这样一种转变怎么可能？你们所做的与神经科学的类比是有说服力的。大脑并没有一个指挥中心；它做出"决定"，而它本身并不是一个真正的统一体。在我们日常生活中，看似是或觉得是一个主体的决定，实际上是无数平行的过程的综合结果，而没有任何特定的中心。在托尔·诺布雷特兰德斯的回忆阶段，意识只不过是一个"使用者的幻象"，一种方便的启示。所有这些都看似合乎道理，甚至是明显的，但它并没有谈到"现象的真实"。① 是的，意识全都是现象，一种纯粹的主控的幻象，但并没有问到如果抛开幻象会发生什么。仿佛幻象本身是它所掩盖的实际过程的作用的一个非常重要的部分——因此也是真实的一个部分。那么是否我们可以把这种类比重新解读为政治的主体？对于某种真正的、内在的多样性的作用，这种超验的统一性的幻象是不是必要的？对于某种政治主体的构成（它是虚构的，但对构成的权力的实际运作却是必须的）这种统治结构（或类似的东西）事实上是必然的，这种看法是不是可能呢？

H-N：你们的问题非常微妙，并且在理论认识（关于多样性）和政治必然性（关于统一性）之间提出了一种有意思的折中。但是，我们不相信必须有一种统一的政治主体。也许群众变成"为了自己"只是本体论的统一性的一种明确的巨变，而一切政治的概念——权威、统治和主体——都试图表达这种统一性。

我们认为，今天我们不应该寻求统一性（甚至表面的）提供的那种保证，而应该强调我们境遇的危险、不确定性和可能

---

① Tor Nørretranders, *The User Illusion: Cutting Consciousness Down to Size* (New York: Viking, 1998).

性。在我们当前的间歇时期，尽管我们在现代性遥远的边缘处之泰然，我们也可以考虑标志着佛罗伦萨人文主义诞生时的特点的种种创造性。一开始，存在被认为（以新柏拉图主义的方式）处于虚无和欲望之间，它出现在对新事物的发现之中。这是一条穿越黑森林的困难途径，而不是灯光明亮的高速公路。福柯的概念对此似乎仍然适用：在这种不确定性里，自我的系谱和配置、认识和生产是有效的工具。在我们看来，引导我们走过这一切的就是欲望。

B-S：在《帝国》里有两个引进的概念：生物政治和非物质劳动；它们对在《群众》里讨论战争和民主具有重要的作用。你们有力地论证说，非物质的（感情的）劳动已经成为霸权性的——不是因为世界上大部分人现在生产情感得到报酬，而是因为像它之前的工厂劳动那样（单从人数上看它从未超过农业劳动），现在它对一切其他形式的劳动都强加了一种倾向。这种倾向要求一切形式的劳动都"信息化，变成智力的，变成交流的，变成感情的"。由于"非物质"一词误导地表明劳动已经失去了它的物质特点，所以你们建议我们把这种新的倾向看作是"生物政治的劳动……这种劳动不仅创造物质的商品，而且还创造关系并最终创造社会生活本身"。难道我们不可以说每一种形式的劳动都是既生产关系又生产社会生活？认为劳动——一切形式的劳动——在一些重要方面必然都是感情的，很难进行区分，这是不是错误的？生物政治表明它部分地模糊了传统上对经济、政治、文化和社会的区分。难道这种情况不是说这些区分是概念性的，而这些领域总是模糊的？

H-N：毫无疑问，劳动一向生产非物质的商品。如果你们读佩特罗尼厄斯，你们会看到奴隶如何生产感情的产品。基督教和伊斯兰教的中世纪的抄写员，其抄写工作与当代信息和电脑操作员的工作同样是异化的。甚至支撑着工业劳动联合组织的大量的汽车和钢铁工人,在他们的生产过程和罢工当中也创造出社群:情感和生产智力与日常生产劳作是连在一起的。但是,今天在生物政治生产时代不同的是,知识和/或情感的创新已经变成了社会价值和财富的主要源泉。换言之,某种一直存在的东西今天取得了统治的地位。

但这里有意思的是,你们和我们二人都倾向从我们当前的立场重塑历史——有些像马克思在《政治经济学批判大纲》导言中说的对人的解剖包含着对猿人解剖的关键。确切说,由于今天非物质生产的统治地位,我们可能比以前通过过去的观察看得更加清楚。换句话说,由于非物质劳动直接产生关系和社会生活,所以我们比任何时候都更清楚地看到资本的目的确实是社会关系的生产。物质商品的生产——例如冰箱、汽车和大豆等——实际上只是生产过程的中间环节。真正的目的是这些物质商品所创造或推进的社会关系。从由非物质生产统治的经济观点出发,我们可以更清楚地看到这种情况,而以回溯的方式观察,我们可以根据这种认识重新思考历史的方位。

B-S:《群众》里最让我们吃惊的是,它明确区分了它与马克思的关系和它与马克思主义的关系。在许多方面,你们对马克思的方法的附注是为你们自己反对"正统"马克思主义者的方法的辩护——我们也许可以说,这些人反对马克思自己分析的实质精神,拒绝把马克思历史化。在你们的著作和马克思的著作之间,你们指出了几种类比的方法,每一种都使你们得出与"正统的"马克思主义路线不同的结论,然而在马克思自己的著作里,这些都已经明显存在,或许多少有些不够完善。

但是,有一个重要的类比你们没有指出,即在马克思的著作里,统治的劳动形式和统治的剥削形式是一致的。在经典的马克思主义的分析里,无产阶级既生产工业秩序,同时又通过对它的超越而获得最多的东西。现在非物质劳动日益广泛,而且在某些情况下得到很好的回报，你们却提出了穷人——通过迁移、语言创新、社交方式、传统知识等——生产我们共同生活的大部分。事实上，"穷人体现着生产生活本身的……本体论的条件。"根据马克思的著作，统治的剥削形式和统治的劳动形式是一致的。为什么不进一步遵循马克思的著作，把劳动者称为革命的阶级？为什么不说问题是无产者群众——本身已经是一个阶级，例如罗伯特·科兹说的"没有金钱的金钱的主体"，或处于资本主义之内但绝对没有资本的人——如何形成一个为了自己的阶级？为什么问题是把群众构成一种政治的主体而不是把穷人（和他们常说的"他们的同盟"）构成政治的主体？

H-N：首先穷人不能构成一个阶级。贫穷是一种观念的限定，尽管穷人本身是一个实在的现实——甚至当他们确实需要大量救济时，他们也参与人类的集体活动及其生活方式。穷人帮助我们理解普通百姓的力量。我们关于穷人的有争议的论点之一是（你们似乎接受了这点），我们不应该真正认为穷人被排斥在外，这既是因为穷人的活动具有社会生产性，同时又因为当穷人的欲望（或按照斯宾诺莎的说法，他们的愤怒或憎恨）变得具体时，它就会被包括进来，构成集体欲望的客体。但这些都不会使穷人成为一个独立的阶级。

但更重要的是，我们不同意对经济中主要劳动形式的分析认识应该包含政治斗争中的主要阶级。因此，当我们说非物质劳动今天支配其他劳动形式时，我们并不认为非物质生产者在政治斗争中应该具有支配的作用。想想这种逻辑在过去所导致的各种悲剧：政治上产业工人比农民优先，男性工资工人比女性家务劳动者优先，等等。相反，我们关于穷人和普通百姓的概念会导致一种扩展的、开放的无产阶级概念。

B-S：我们想问一个我们觉得你们不爱听的问题，但我们也许可以用一种新的方式提问。再说一遍，我们完全同意你们关于帝国的混合构成以及反抗它的超民族的基础的结论。同时，我们许多南半球的同事们坚持认为，对左派而言，主要的问题应该是民族自觉的问题。而他们这样说是有道理的。在许多第三世界国家（它们的经济在很大程度上由其他国家决定，由国际机构以及大公司和金融市场决定，自己很少能够控制），甚至温和的进步政治计划的问题也密切地与民族自觉的问题联系在一起。想想南非政府根据财产权不变的原则、以外国资本的利益为名驱逐依法在公地上定居的人们，或者货币市场企图威胁巴西的选举。当然，自觉的问题很容易分化为多种狭隘的民族主义目的，面对正在出现的帝国的全球统治，通过对国家主权的坚持很难成功地进行对抗。与此同时，在世界的大部分地区，民族问题不仅仍然重要，事实上仍然是首要的问题。所以，你们是否认为，与帝国对抗既有民族的基础也有超民族的基础？或者，是否这些观点最终无法兼容而成为对立的？前一种立场当然更吸引人，但也有怀疑它的理由。

H-N：这是一个重要的问题，我们不敢肯定能作出全面的回答。正如你们暗示的，民族和超民族的政治斗争并不一定相互排斥。例如，我们在关于地缘政治的附注中指出，从属国家的国际努力可以有效地阻止或对抗全球资本及其机构的某些政策。换言之，单独一个国家，例如秘鲁，显然不可能成功地挑战或改变国际货币基金组织或世界贸易组织的政策，但是和其他一些国家联合起来，如巴西、中国、印度和南非等，这种行动就可能成功，至少获得某种程度的成功。世界贸易组织在坎昆的会议的破产就是这样的一个实例。也许我们可以认为这是一种转变，从依赖理论（它可能包含民族自决的策略）转向相互依赖的理论，依赖于国家力量的这种联合。

当然，我们应该记住，所有这些与我们所称的帝国寡头政治（包括一些从属国家的政府）的战略联盟都只是暂时的。群众参与它们是重要的，但决不能把自己的命运交给它们。

B-S：在《群众》里，你们再次运用大写的"插入语"和被称作附注的细分部分。在《帝国》里，插入语意味着对斯宾诺莎在《伦理学》里使用附注的尊敬，意味着打开与该书的理念相互影响的不同方式的空间。《群众》里的插入语是否也有同样的形式作用？关于方法、组织和策略问题的三个附注的作用是什么？

H-N：《群众》里的插入语确实具有同样的作用，也是像斯宾诺莎的附注那样，旨在中断讨论从不同的角度探讨问题。每一个插入语以不同的方式实现这种作用。在写《群众》的时候，我们用了很长时间，考虑使不同的插入语形成更系统的作用。我们的想法之一（现在更多的是想到马克思而不是斯宾诺莎）是使某些插入语抨击"神圣的家族"——即共同的思想偏见，另外一些表示"巴黎公社"——即革命斗争创新的历史实例。关于亨廷顿的插入语可以说是前者的例子，而关于谢斯起义、柏林和西雅图的插入语可以说是后者的例子。但我们从未做到这么系统。

附注则不同。我们将它们作为补充，把政治讨论连在一起并使之深化。我们在写的时候也觉得把三个附注——方法、组织和地缘政治——放在一起阅读会产生意义。它们会对整个政治计划提供一种观点。

B-S：在把"9·11"事件和最近的伊拉克战争纳入你们分析关于对全球民主的挑战时，你们采取了审慎的态度，对此我们深表赞赏。虽然你们没有回避谈论这些事件，但它们并没有支配你们的分析：它们是关于生物政治和生物权力的更大叙事的组成部分——当然也是当代政治故事的组成部分，但不是唯一重要的事件，在政治策略或理论中并不一定必然发挥决定的作用。我们有些同事曾经援引"9·11"事件和美国国家权力的折曲，把它们作为确定的证据，反对《帝国》强调的关于当代主权"混合构成"的论述。我们觉得这明显是一种错误——一种压倒必需的详细分析的表现主义。在写《群众》时，你们对如何论述"9·11"事件提出的问题给予了多少注意？

H-N：你们说得对，我们试图对"9·11"和伊拉克战争进行分析，但不是作为时代的中断，而是作为已经发生过的某种事件的可怕的征象。正如你们所说，把它们置于更广阔的历史分析的语境中更为有用。在2001年9月之前，我们就开始写全球内战和暴力问题的一章。因此，对我们来说，所有那些事件只是加强了我们正在思考的东西。

B-S：我们想以和《群众》相同的方式来结束：以爱结束。爱在《帝国》的字里行间已经出现（例如，关于斯宾诺莎确定的爱的不同形式），而最近勇敢的保莱恩的爱已经变成了某种官方无神论的试金石（我们有自己的怀疑）——基督教的左翼的看法。爱对当前的政治——未来的民主——有什么重要意义？

H-N：这是我们的一种直觉意识，还没有充分展开。应该可以把一系列在政治学领域能够展开的爱的主题连接起来：爱作为身体的自由表达，作为理智加情感，作为反对腐败的新生。但是有大量的文化重负使我们难以展开这样一种政治的爱的概念。我们需要使爱的概念摆脱一对浪漫男女的束缚，剥离它的所有的感伤。我们需要一种完全是唯物主义的爱的概念，或者一种真正的本体论的概念：爱是构成存在的力量。

是的，正如你们所提出的，基督教（还有犹太教，可能还有其他的宗教）确实表现了一种政治的爱的概念。我们觉得我们的概念主要是斯宾诺莎的爱的概念，但你们肯定知道，他深深地陷入基督教和犹太教的传统之中。对斯宾诺莎而言，爱的基础是一种双重承认：承认他者是不同的，承认与那个他者的关系增强我们的力量。因此,在斯宾诺莎看来,爱是伴随着承认外因的对自己力量的加强。请注意,这不是某种因信奉约束性的一致(大部分基督教神学家共同的观念)而失去所有差别的爱的概念。这是一种以多样性为基础的爱:单一性加上合作,承认差别,承认共同关系的利益。正是在这种意义上,我们说群众的事业是一项爱的事业。